본 저자 집필·이화출판 한자공부책 속편

214(260개) 부수자 이외에 알아야 할

낱글자로 된 특별한 318개
별(別) 한자(漢字)

현암(玄庵) 김일회(金日會) 편저

㈜이화문화출판사

부수자한자 외 별(別)한자 공부 책을 펴내면서
- 부수자를 익히고, 별(別)한자를 익히면 한자를 쉽게 알게 된다 -

한자를 익힌다는 것은 누구나 다 힘들다고 생각한다. 그래서 본 편저자는 좀더 쉽게 한자를 접할 수 없을까 하는 많은 고민을 하였다. 어린 아이가 한글을 처음으로 배움에 있어서 닿소리글자 14자와 홀소리글자 10자를 먼저 익히는 것과 영어를 처음 배움에 있어서 알파벳 26자를 먼저 익히듯 한자도 기본이 되는 부수자 214자(이 부수자는 한자 사전인 옥편을 찾는 기본 단위가 되는 글자이다)를 먼저 익히는 것이 과학적이라는데 착안하여 편저자는 부수한자 익힘을 통한 '한자 공부'라는 책을 3판에 걸쳐 펼쳤다. 이 부수자 "214개-[260자:편저자가 추가한 한자 3개(乀ㅣ·臣)와 彐(계)와 구분되는 크(오른손 우), 臼(구)와 구분되는 臼(깍지낄 국)을 포함하여 260개]"를 다 소화해낸 세 딸과 조카와 손자·손녀들은 중·고등학교 때 한문시험에서 거의 만점을 받거나 어쩌다 한 두 문제 틀리는 정도였다. 또한, 모르는 한자가 있으면 서로 멀리 떨어져 있어도 전화로 서로 대화가 이루어지며 전달역시 정확하게 이루어지고 있다는 사실을 알게 되었다. 왜냐하면, 부수자가 이해되었고, 또 부수자를 하나하나 분해할 수 있는 능력이 있었기에 가능했던 것이다. 다시 말해서, 부수 글자를 먼저 익힘으로써 한자를 이해하는데 지름길이 되며, 또 한자 사전(옥편)을 찾아보는 능력이 생겨서 혼자서도 공부할 수 있는 학습능력을 갖추게 되었다는 것이다.

즉, 아무리 어려운 한자가 나오더라도 그 한자를 하나하나, 다시 말해서 조각조각 분해하는 힘이 생기게 된 일곱 살이 되었던 외손자가 멀리 외국에서 국제전화로 다음과 같은 한자를 분해하여 전화로 물어보았던 일이 있었다. "할아버지! ⺮(대 죽) 밑에 臣(신하 신) 하고 그 옆에 ㇒(=人사람 인), ㇒(=人사람 인) 밑에 丶(불똥 주) 하고 맨 아래에 皿(그릇 명) 자(字)"로 된 한자가 무슨 글자야? 하고 물었던 일이 있었다. "응! '籃(대바구니 람)' 자(字)인데"라고 알려 준 일이 있었다. 이처럼 조각조각 분해하는 힘이 생기면 아무리 어렵고 복잡한 한자를 접하더라도, 한자가 낯설지 않고, 또 외우기도 무척 쉽게 되는 것이다. 길을 가다가도 모르는 한자가 있으면 이처럼 부수자로 조각 조각 분해하여 외웠다가 집에 와서 옥편을 찾아 확인해 볼 수가 있다.

 그런데, 이 214개(260자)의 부수글자만 가지고는 해결이 좀 어려운 경우가 있음을 알게되어, 그 별(別) 한자 대표적인 것만을 간추려 약 318여個 別한자를 펼치게 되었다. 한자를 많이 잘 아는 사람하고 전화로 대화를 할 수 있으며, 모르는 한자를 쉽게 알아 볼 수 있는 능력을 갖추게 된다. 이 318여個의 別한자와 부수자 214개의 260字를 잘 익혀 이해하고 있다면 수천자의 한자를 쉽게 터득할 수 있는 지름길이라고 생각되어 이 자료를 펼치게 되었다. 아무쪼록 214個 부수자의 한자 260字와 이 자료에서 안내한 318여個의 別한자를 합쳐(260+318=578個) 약 578여個의 한자를 익힌다면 수천자 수만자가 되는 많은 한자 공부를 잘 할 수 있는 지름길이라 생각 되오니 여러분의 한자 실력 향상에 많은 도움이 되리라 사료되옵니다.

        2025년 11월 일

                편저자 현암(玄庵) 김 일 회 (金 日 會) 올림.

별한자(別漢字)

318個 漢字

001.

乂

부수자 丿 (삐칠 별)의 1획   別(별) 카드001

오

乂

① 교차할 오

② 다섯 오(五)의 고자(古字)-옛글자

◆ [쓰임의 예]

凶(흉) 郄(극) 肴(효) 爻(효)
흉할 틈/구멍/겨를 술안주 육효/사귈/본받을

부수자 丿 (삐칠 별)의 1획   別(별) 카드001

002.

囪
田·巛

부수자 囗 (에워쌀 위)의 4/3획   別(별) 카드002

창/총

囪
田·巛

① 창/창문/천장 창
② 굴뚝 총

◆ [쓰임의 예]

總(총) 悤(총) 窓(창) 黑(흑)
거느릴 바쁠/밝을 창/굴뚝 검을

부수자 囗 (에워쌀 위)의 4/3획   別(별) 카드002

003.

부수자 巾 (수건 건)의 5획　別(별) 카드003

폐

㪻

① 옷 찢어질·해질 **폐**
② 더럽고(낮고) 작을 **폐**
③ 오종종할 **폐**

◆ [쓰임의 예]

　幣(폐)　　敝(폐)　　黹(치)
　비단/폐백　해질/깨지다　바느질할/자수

부수자 巾 (수건 건)의 5획　別(별) 카드003

004.

부수자 火 (불 화)의 3/4획　別(별) 카드004

염·담

灬 = 炎

① 불꽃/불꽃 성할/훗훗할 **염**
② 태울/불탈/나가는 모양 **염**
③ 아름답고 성한 모양/아름답다 **담**

[예] 黑(검을 흑) [참고] 赤붉을 적(赤)

黑 = 黗 = 田 + (赤 = 灬 = 炎)

※ [참고] : 炏 불 성할 개

◆ [쓰임의 예]

　掞(염/섬)　　剡(염/섬)　　淡(담)
　빛낼 염/별 섬　날카로울염/땅 이름 섬　묽을/담박할

부수자 火 (불 화)의 3/4획　別(별) 카드004

005.

芣
=茨

부수자 火 (불 화)의 4획　　別(별) 카드005

광

芣=茨

빛/밝을 광(光)의
古字(고자)-옛글자
◆光=芣

부수자 火 (불 화)의 4획　　別(별) 카드005

006.

兖

부수자 火 (불 화)의 2획　　別(별) 카드006

광

兖

빛/밝을 광(光)의
本字(본자)-본래의 글자
◆光=兖

부수자 火 (불 화)의 2획　　別(별) 카드006

007.

부수자 火(불 화) 8획   別(별) 카드007

| 염/혁/역 |

① 불꽃/빛번쩍일/불꽃성할 염
② 불꽃/화염모양 혁
③ 불빛/타는모양 역
※[참고] : 燄깜부기불 담

부수자 火(불 화) 8획   別(별) 카드007

008.

부수자 火(불 화) 4획   別(별) 카드008

| 개 |

불 성할 개

부수자 火(불 화) 4획   別(별) 카드008

009.

깜부기불 담

부수자 火(불 화) 8획   別(별) 카드009

010.

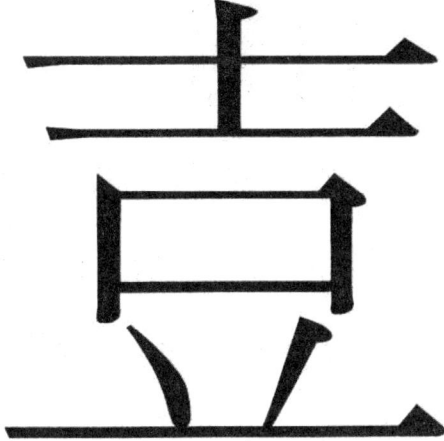

주/수

①악기 세울/북/악기 이름/곧게 설 주
②진나라 풍류/곧게 설 수

◆[쓰임의 예]

鼓 북/치다/두드리다/맥박 고
嘉 아름답다/뛰어날/훌륭할/기쁠 가
樹 (자라고 있는)나무/초목/담/담장 수

부수자 土(선비 사)의 6획   別(별) 카드010

011.

부수자 寸 (마디/치 촌)의 9획   別(별) 카드011

주/수

尌

① 세울/서다 주/수
② 종/하인 주/수
③ 아이놈/성(姓)씨 주/수

◆ [쓰임의 예]
樹(수) 廚(주) 澍(주) 鬪(투)
나무   부엌   단비/젖다 싸움

부수자 寸 (마디/치 촌)의 9획   別(별) 카드011

012.

부수자 人 (사람 인)의 6획   別(별) 카드012

륜

侖

① 둥글/뭉치(덩어리) 륜
② 펼치다/생각하다 륜
③ 조리를 세우다/차례 륜

※ 亼(모일/모을 집) + 冊(책 책) = 侖

◆ [쓰임의 예]
倫(륜) 輪(륜) 綸(륜) 淪(륜)
인륜/순서 바퀴 낚시·현악기 줄 물놀이/잔물결

부수자 人 (사람 인)의 6획   別(별) 카드012

013.

人

부수자 人 (사람 인)의 0획　　別(별) 카드013

인

𠂉 사람 인
= 人

◆ [쓰임의 예]
乞(걸)　乾(건)　臨(림)　監(감)
빌다　　하늘　　임할　　살펴볼

부수자 人 (사람 인)의 0획　　別(별) 카드013

014.

ク

부수자 人 (사람 인)의 0획　　別(별) 카드014

인

ク = 사람 인 = 人

◆ [쓰임의 예]
危(위)　峗(위)　洈(위)　詹(첨)
위태할　산 이름　물 이름　이를/도달할

齠(초)　𨊠(감)　垎(감)　陷(함)
이를 갈다　가기 힘들　구덩이/빠질　빠지다

부수자 人 (사람 인)의 0획　　別(별) 카드014

015.

부수자 厂(굴바위 한/엄)의 2획　別(별) 카드015

[점]

쳐다볼/우러러볼 점

[참고]: 亠, 勹, 彡 → 사람 인(人)
厂 = 언덕/벼랑/산 기슭 한(엄)
⺁ → 언덕(厂)위에 있는
　사람(勹)을 쳐다본다.
<쓰임의 예>
危위태할 위, 峗산 이름 위, 洈물 이름 위.

부수자 厂(굴바위 한/엄)의 2획　別(별) 카드015

016.

부수자 言(말씀 엄)의 6획　別(별) 카드016

[첨]

詹

①이를/도달할/수다스럴 첨
②벼슬·산 이름 첨 ③점칠 점
④두꺼비 섬 ⑤넉넉할 담

◆[쓰임의 예]
瞻(첨)　譫(첨)　襜(첨)　檐(첨/담)
보다　말 많을　휘장/끊다　처마/추녀 첨
　　　　　　　옷깃　　　　멜/별 이름 담

簷(첨)　膽(담)　擔(담)　謄(섬)
처마/지붕기슭　쓸개　멜/떠맡다　헛소리/수다

蟾(섬)　贍(섬)　澹(담/섬)
두꺼비　넉넉할/돕다　담박할/싱거울 담
　　　/구휼하다　　넉넉할 섬

부수자 言(말씀 엄)의 6획　別(별) 카드016

017.

匈

부수자 勹(에워쌀 포)의 4획   別(별) 카드017

| 흉 |

匈

①떠들썩할 흉
②흉흉할 흉

◆[쓰임의 예]
胸(흉) 洶(흉) 哅(흉) 恟(흉)
가슴　물쌀 세찰　떠들　두려워할

부수자 勹(에워쌀 포)의 4획   別(별) 카드017

018.

鬥
=丮

부수자 厂(언덕/기슭 한)의 3획 別(별) 카드018

| 국 |

鬥 = 丮

<왼손>잡을 국

◆[쓰임의 예]
鬥싸울 투/각, 鬪싸울 투.

부수자 厂(언덕/기슭 한)의 3획 別(별) 카드018

019.

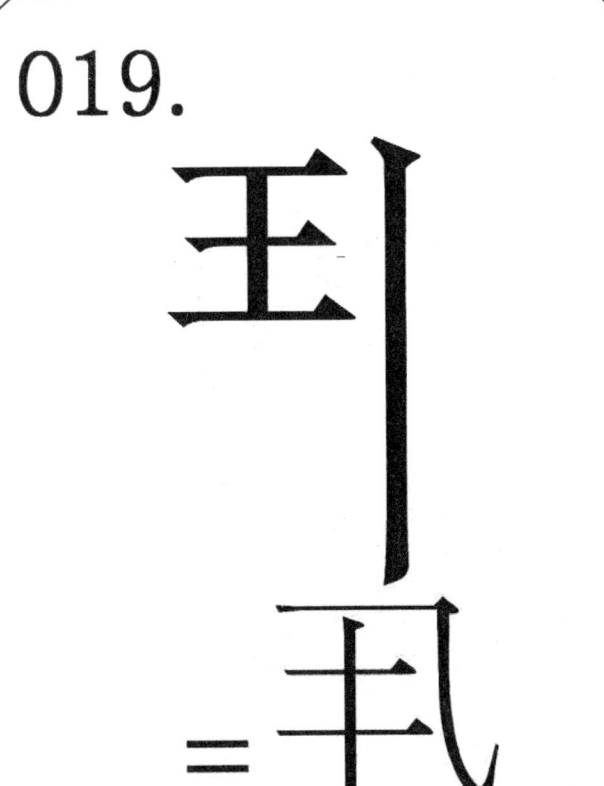

부수자 丨(꿰뚫을 곤)의 3획 別(별) 카드019

| 극 |

<오른손>잡을 극

◆[쓰임의 예] ※合입 둘레의 굽이 갸
鬥싸울 투.※合(갸)+彐(극)=鬮
鬮(갸/극)①절다(절뚝절뚝 걷는 모양) 갸
②곤하다/피곤하다/지치다 극

부수자 丨(꿰뚫을 곤)의 3획 別(별) 카드019

020.

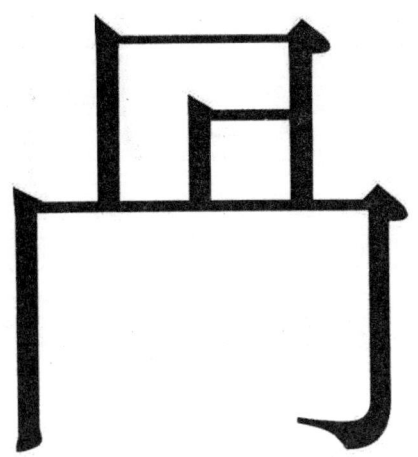

부수자 冂(멀 경/빌 형)의 4획 別(별) 카드020

| 과 |

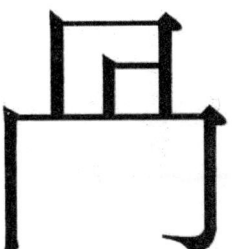

①살 발라낼 과
②살 베어내고 뼈만
 앙상히 남을 과

◆[쓰임의 예]
冎→咼 입 비뚤어질 괘/와

부수자 冂(멀 경/빌 형)의 4획 別(별) 카드020

021.

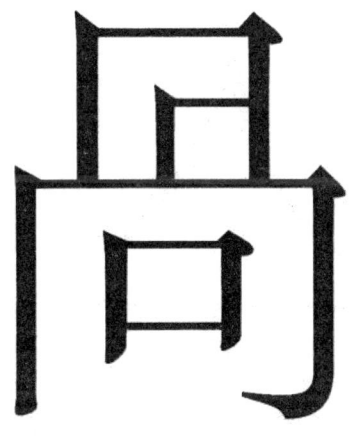

부수자 口 (입 구)의 6획   別(별) 카드021

괘/와

咼 = 喎

① 입 비뚤어질 괘/와
② 바르지 못하다(不正) 괘/와
③ 마음이 요사스럽고 바르지 못하다(邪曲사곡) 괘/와

◆ [쓰임의 예]

過(과) 渦(와) 蝸(와) 窩(와)
허물/지날 소용돌이 달팽이 움집

부수자 口 (입 구)의 6획   別(별) 카드021

022.

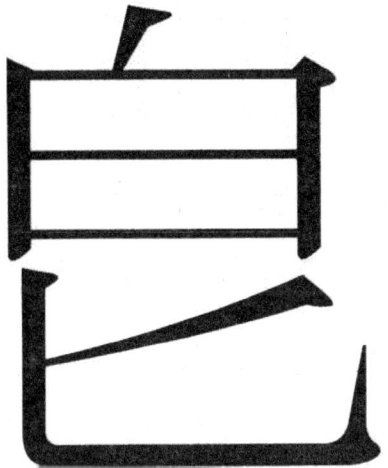

부수자 白 (흰 백)의 2획   別(별) 카드022

皀 핍/급/향/픽

① 낟알/밥 고소할 흡
  - 핍/급/향/픽

◆ [쓰임의 예]

卽 곧/가깝다/나아가다 즉(=皀+卩)
食 밥 식=스모일 집+皀밥고소할 흡
卿(=卿)벼슬 경, 旣이미 기, 鄕시골 향,

부수자 白 (흰 백)의 2획   別(별) 카드022

023.

부수자 人 (사람 인)의 1획　別(별) 카드023

집

모일(을) 집

◆ [쓰임의 예]

合(합)　食(식)　劍(검)　會(회)
합할　　먹을　　칼　　모일

부수자 人 (사람 인)의 1획　別(별) 카드023

024.

부수자 隹 (새 추)의 8획　別(별) 카드024

수

雔

①새 한 쌍 수
②가죽나무고치 수
③가죽나무 잎을 먹
　는 누에고치 수

◆ [쓰임의 예]

雙(쌍)　讎(수)　靃(확/수)　籫(쌍)
쌍　　　원수　　깃소리 확　　돛
　　　　　　　이슬 수

부수자 隹 (새 추)의 8획　別(별) 카드024

025.

부수자 隹 (새 추)의 16획　　別(별) 카드025

| 잡 |

雥
떼 새 잡
(새떼=衆鳥) 잡
새 떼지어 모일 잡

◆ [쓰임의 예]
集(집) 나무 위에 새떼 앉아 있을 집

부수자 隹 (새 추)의 16획　　別(별) 카드025

026.

부수자 采(분별할/나눌 변)의 0획 別(별) 카드026

| 채 |

采

① 캘/채취할/선택할 채
② 가릴/일/직무/할일 채
③ 채색/무늬/꾸밀 채
④ 벼슬/풍채/나물/폐백 채

◆ [쓰임의 예]

菜(채)　彩(채)　埰(채)　棌(채)
나물　　무늬　　영지/무덤　녹봉

부수자 采(분별할/나눌 변)의 0획 別(별) 카드026

027.

부수자 立(설/세울 립)의 1획　別(별) 카드027

건

① 죄/허물/찌를 건

◆ [쓰임의 예]
辛 혹독할/매울/고생할 신
= 辛 죄 건 + 一(이마에 자상)
莘(신) 痒(신) 辣(랄) 辨(변) 辭(사)
긴 모양　오한증　매울　분별할　말

부수자 立(설/세울 립)의 1획　別(별) 카드027

028.

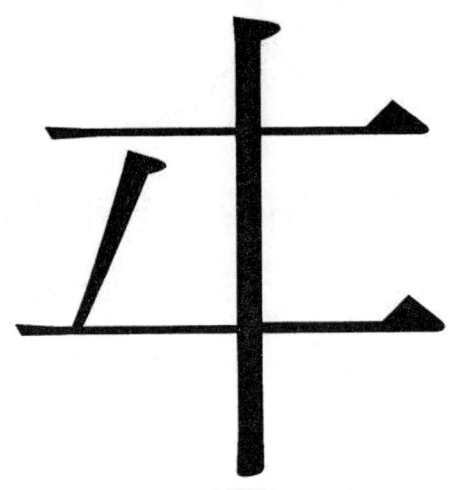

부수자 ㅣ(꿰뚫을 곤)의 2획　別(별) 카드028

과

① 걸을(跨步也과보야) 과
　跨=사타구니를 벌려 타넘을 과
② 가리장이 벌려 걸을 과
③ 가리장이 과

◆ [쓰임의 예]
降(강/항) 夅(항) 舛(천) 桀(천)
내릴 강/항복할 항　뻣뻣할　어그러질　늦게 딴 찻잎

부수자 ㅣ(꿰뚫을 곤)의 2획　別(별) 카드028

029.

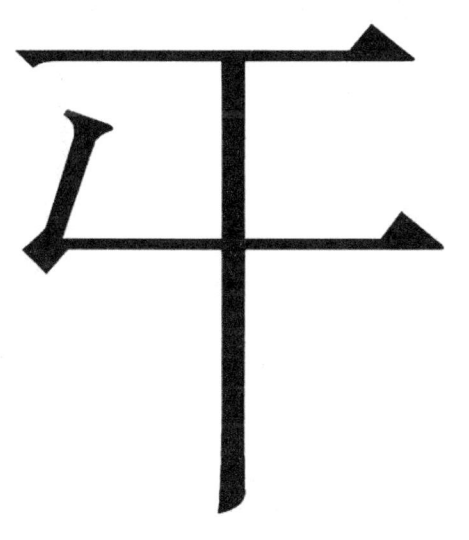

부수자 丨(꿰뚫을 곤)의 2획   別(별) 카드029

괘

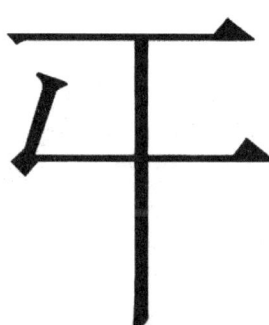

①걸을(跨步也과보야) 과
　跨=사타구니를 벌려 타넘을 과
②걸터앉을(騎也) 과
　〈騎말탈 기〉
③넘을(越·跨也) 과
　〈越넘을 월·跨넘을 과也〉

부수자 丨(꿰뚫을 곤)의 2획   別(별) 카드029

030.

부수자 丨(꿰뚫을 곤)의 3획   別(별) 카드030

개

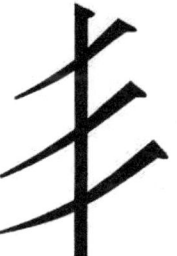

①풀 우거질/산란할 개
②풀이 나서 산란하고
　어지러울 개

◆[쓰임의 예]→

瞎(할) 䎱(략) 磍(알/할) 耇(획/혁)
애꾸눈　칼날세울　땅가파를　뼈바르는소리
　　　　성불끈낼

부수자 丨(꿰뚫을 곤)의 3획   別(별) 카드030

031.

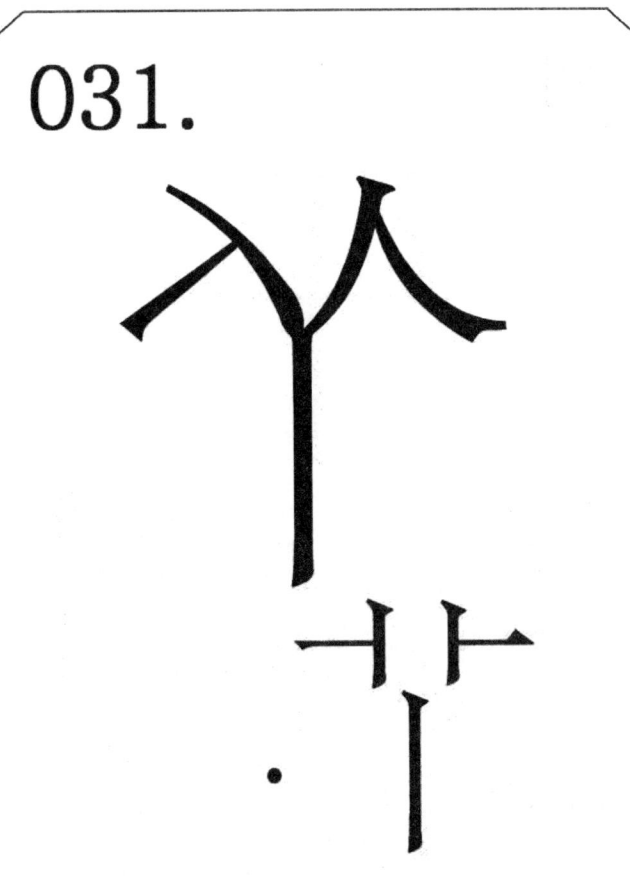

부수자 丨(꿰뚫을 곤)의 4획　別(별) 카드031

개

① 양의 뿔 개
② 두갈래진 뿔 개
③ 양의 뿔이 벌어진 개

부수자 丨(꿰뚫을 곤)의 4획　別(별) 카드031

032.

부수자 囗(에울/에워쌀 위)의 3획 別(별) 카드032

신/사

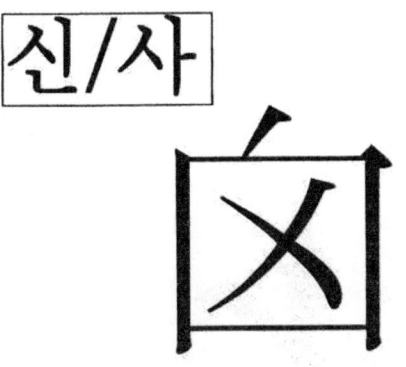

① 정수리/숫구멍 신/사
② 어린아이 숨구멍 신/사

◆ [쓰임의 예]

傻(사)약을/어리석음/인정이 없다 사
顋(페)머리 기울어진 모양 페
兒(아)→'兒아이 아'의 古字(고자)
媲(비)평고대/서까래 끝에 가로댄 나무 비

부수자 囗(에울/에워쌀 위)의 3획 別(별) 카드032

033.

夗

부수자 夕 (저녁 석)의 2획　別(별) 카드033

원

夗夘

① 누워서 뒹굴다 원
　/원앙(새) 원
② 주사위 완

◆[쓰임의 예]

怨(원)　俒(원)　蜿(원)　眢(원)
원망할　즐거워할　꿈틀거릴　소경/우물마를

苑(원)　鴛(원)　媛(원)　晼(원)
나라 동산　원앙새　순직하다　해가 지다

부수자 夕 (저녁 석)의 2획　別(별) 카드033

034.

奞

부수자 大 (큰 대)의 8획　別(별) 카드034

순

奞

날개 칠 순

새 날개 펼쳐 떨칠 순

◆[쓰임의 예]

奪(탈)　奞(투)　奮(분)　敻(탈)
빼앗을　가질　떨칠/성낼　빼앗을(=奪)

부수자 大 (큰 대)의 8획　別(별) 카드034

035.

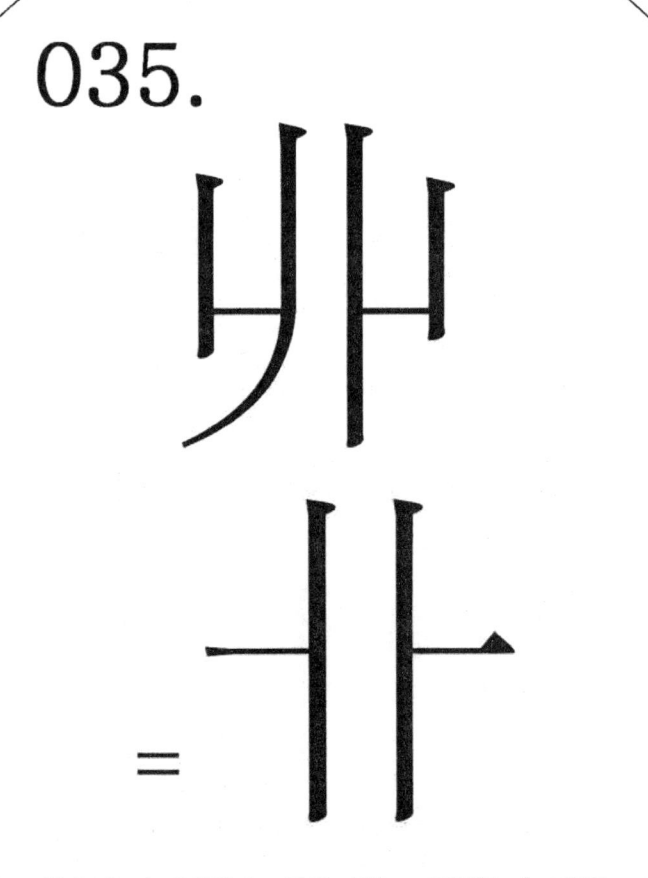

부수자 丨(꿰뚫을 곤)의 4획 　別(별) 카드035

관

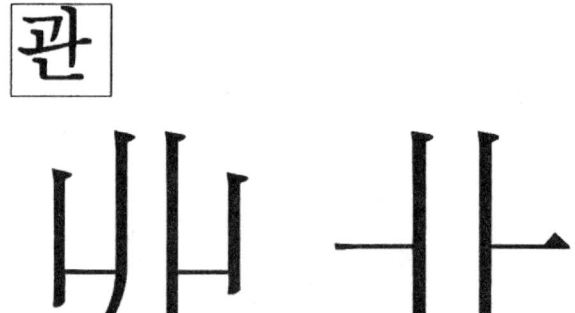

① 쌍 상투/어리다 **관**

② (礦쇳돌)광석 **광**의 古字

③ 쇳덩어리/옥덩어리 **광**

◆[쓰임의 예]

礶(관)　雚(환)　寬(관)　鸛(관)
두레박　부엉이　너그러울　황새

부수자 丨(꿰뚫을 곤)의 4획 　別(별) 카드035

036.

부수자 口(입 구)의 3획 　別(별) 카드036

훤/현

① 놀래 지르는 소리 **훤/현**

② 지껄일/부르짖을 **훤/현**

③ 부르는 소리 **훤/현**

◆[쓰임의 예] → 哭(곡)울다 곡

礶(관) 鸛(관) 咢(악) 遌(오) 齰(자)
두레박 황새 놀라다 만나다 약하다

부수자 口(입 구)의 3획 　別(별) 카드036

037.

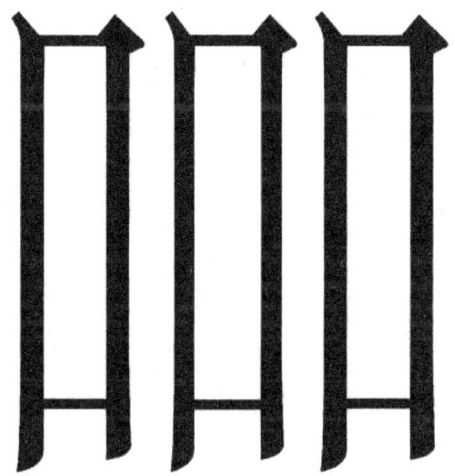

부수자 口 (입 구)의 6획 別(별) 카드037

 령

①새 떼/떼 새/시끄러울 령
②많은소리/떠들썩할 령

◆[쓰임의 예]
霝비올/착할 령, 䨺감초/떨어질 령.

◆유사(비슷)한 글자에 주의.
品:품수/성품/물건/무리/온갖/차례/법 '품'과는 다른 글자이다.

부수자 口 (입 구)의 6획 別(별) 카드037

038.

부수자 雨 (비 우)의 9획 別(별) 카드038

 령

비올/떨어질/착할 령

◆[쓰임의 예]
靈(령)→신령/영혼 령
醽(령)→좋은 술 령

부수자 雨 (비 우)의 9획 別(별) 카드038

039.

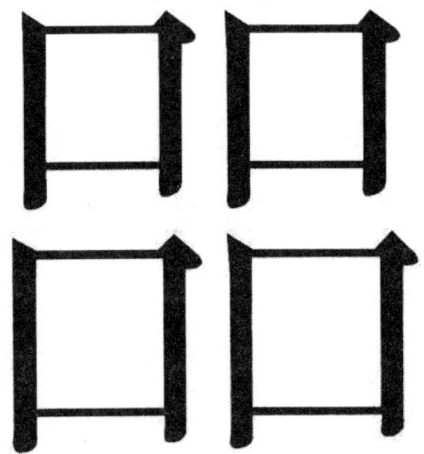

부수자 口 (입 구)의 9획　　別(별) 카드039

즙

品
① 뭇 입 즙
② 여러 사람 입 즙
③ 많은 사람 입 즙

◆ [쓰임의 예]

器(기)　㗊(교)　嚚(효)　嚚(악)
그릇　크게 부르짖을　들렐/왁자할　놀라다

부수자 口 (입 구)의 9획　　別(별) 카드039

040.

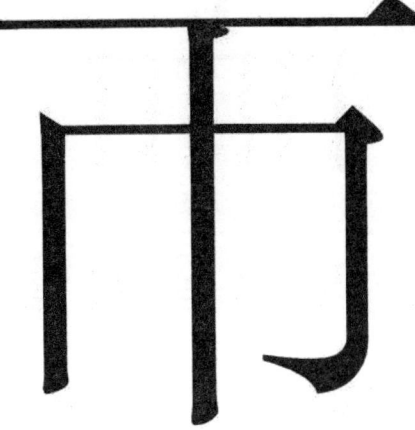

부수자 巾 (수건 건)의 1획　　別(별) 카드040

잡

巿
① 두를/둘릴/널리 잡
② 두루/빙두르다 잡
③ 한바퀴 빙돌다 잡

◆ [쓰임의 예]

師(사)　迊(잡)　趀(잡)
스승/군대 단위　巿와 同字(동자)　달음박질할

佩(패)=珮(패) 차다/노리개/지니다 패

부수자 巾 (수건 건)의 1획　　別(별) 카드040

041.

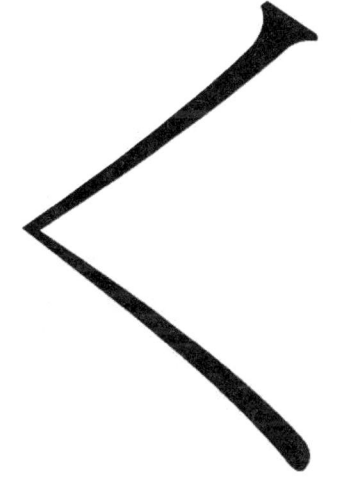

부수자 巛 (내 천)의 0획　　別(별) 카드041

견

작은 도랑 **견**

◆[쓰임의 예]
巜큰 도랑 괴/젖을 환, 巛내 천(=川)

부수자 巛 (내 천)의 0획　　別(별) 카드041

042.

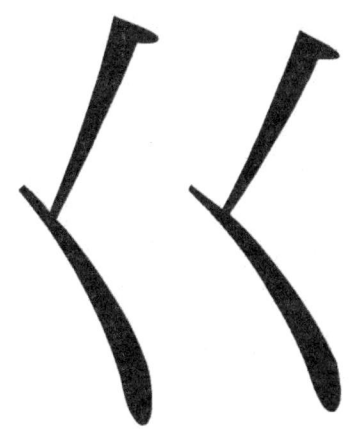

부수자 巛 (내 천)의 0획　　別(별) 카드042

괴/환

①큰 도랑 **괴**
②젖을 **환**

◆[쓰임의 예]
巛내 천(=川), 巜물 맑을 린/인

부수자 巛 (내 천)의 0획　　別(별) 카드042

043.

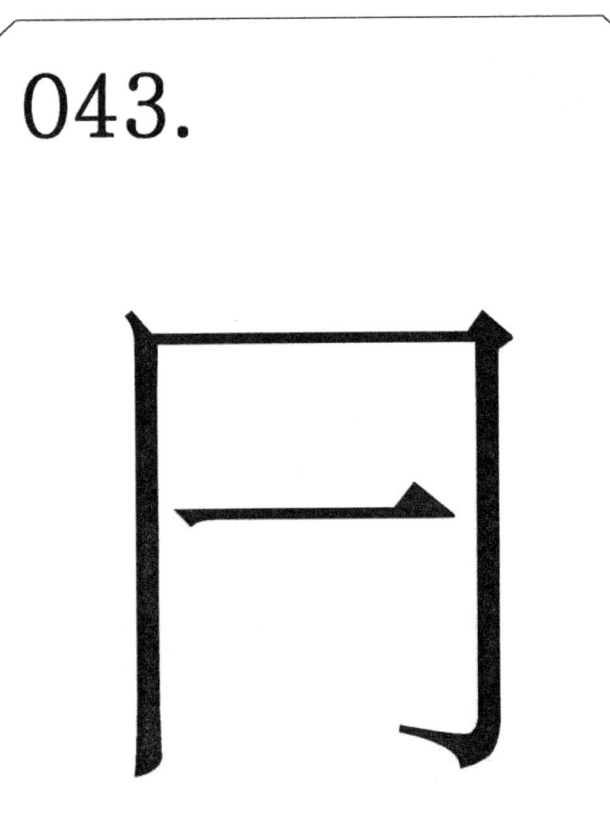

부수자 冂 (멀 경/빌 형)의 1획 別(별) 카드043

모

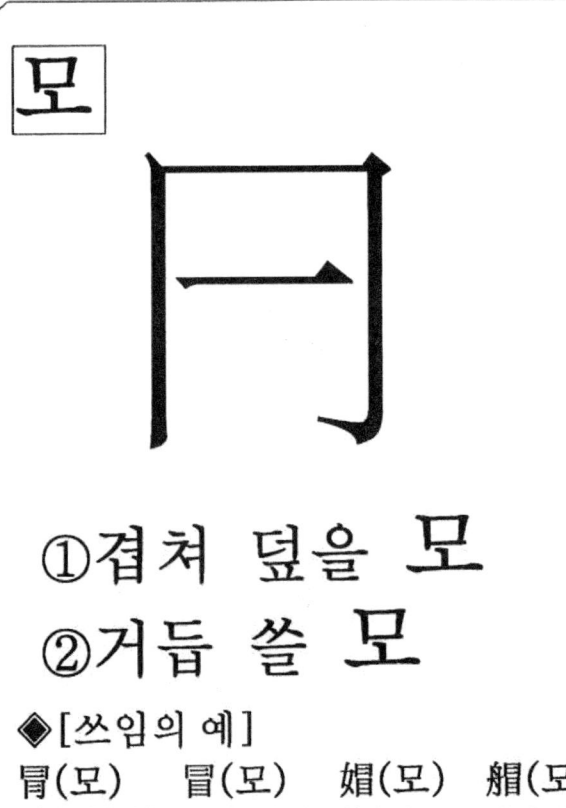

①겹쳐 덮을 모
②거듭 쓸 모

◆[쓰임의 예]
冒(모) 冒(모) 媢(모) 艒(모)
탐낼/무릅쓸 무릅쓸/덮다 강샘할   작은 배
            노려볼/쏘아볼   배 이름

부수자 冂 (멀 경/빌 형)의 1획 別(별) 카드043

044.

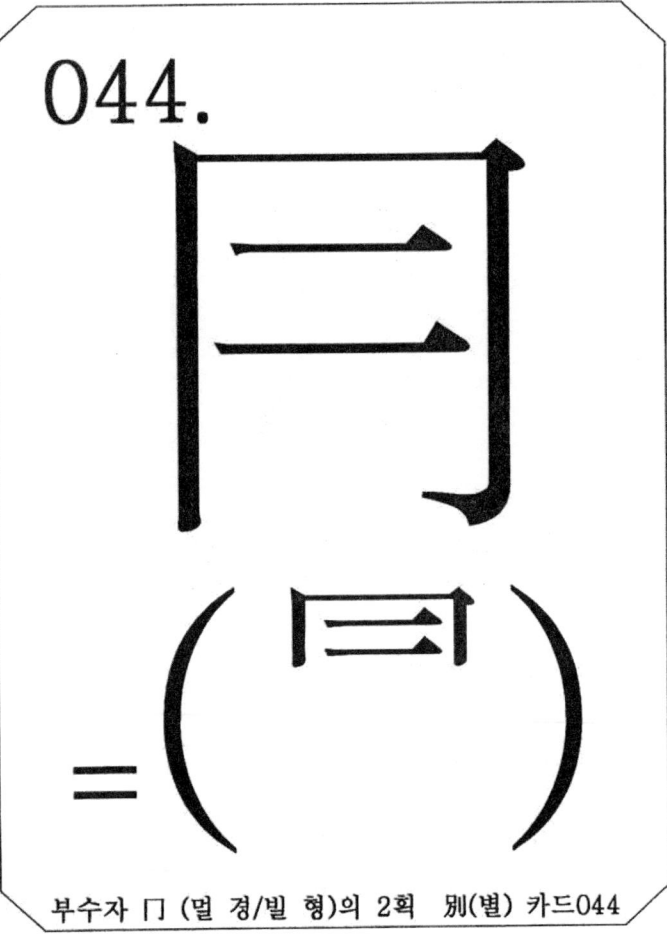

부수자 冂 (멀 경/빌 형)의 2획 別(별) 카드044

모

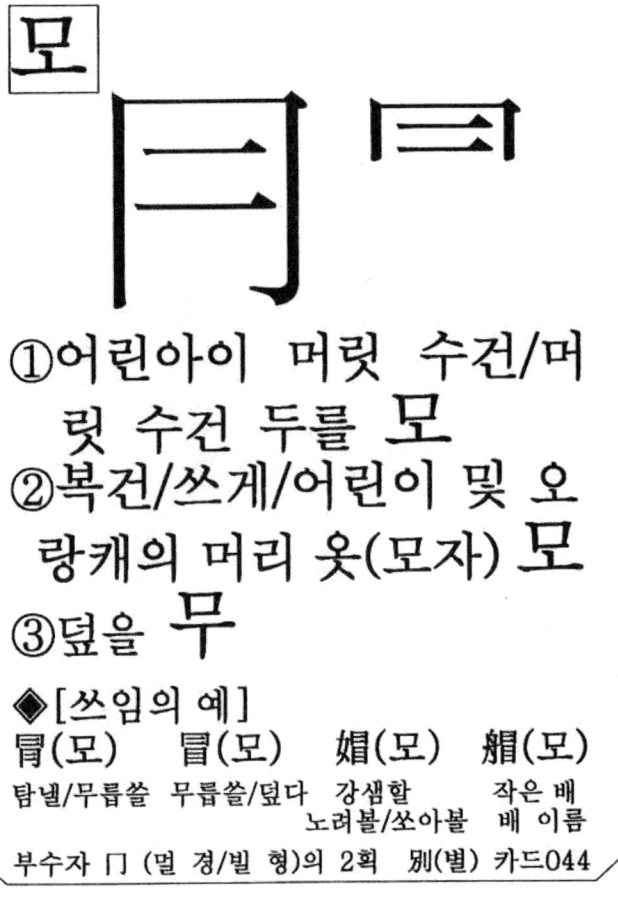

①어린아이 머릿 수건/머
 릿 수건 두를 모
②복건/쓰개/어린이 및 오
 랑캐의 머리 옷(모자) 모
③덮을 무

◆[쓰임의 예]
冒(모) 冒(모) 媢(모) 艒(모)
탐낼/무릅쓸 무릅쓸/덮다 강샘할   작은 배
            노려볼/쏘아볼   배 이름

부수자 冂 (멀 경/빌 형)의 2획 別(별) 카드044

045.

丰

부수자 丨(꿰뚫을 곤)의 3획　別(별) 카드045

봉

丰

① 풀무성할/예쁠 **봉**
② 아름다울 **봉**
※ 중국 간체자로→'丰풍년 풍'

◆ [쓰임의 예]

夆(봉)　蜂(봉)　鋒(봉)　逢(봉)
끌다　　벌　　　칼끝　　만날

豐(풍)　䵪(풍)　蘴(풍)　鄷(풍)
풍년　　볶은 보리　순무　　나라 이름

부수자 丨(꿰뚫을 곤)의 3획　別(별) 카드045

046.

彗

◆ 부수자 '彐彑㐺(돼지머리 계)의 8획'에 분류되어 있으나, [彐彐]은 '彐(오른 손/손 우)'와는 다른 글자임에 유의해야 한다.

부수자彐彑㐺(돼지머리 계)의 8획 別(별) 카드046

혜

彗

① 비(청소 도구)/쓸다 **혜**
② 살별/꼬리별 **혜**
③ 혜성(彗星) **혜**

丰(무성한 풀 봉)+丰+彐(오른 손/손 우)
두 묶음의 풀 무더기(丰+丰)를 손(彐)으로 움켜 쥔 것을 비(彗혜)로 사용하였다.

◆ [쓰임의 예]

嘒(혜)　暳(혜)　槥(혜)　慧(혜)
별 반짝일　가냘플　널(관)　슬기로울

부수자彐彑㐺(돼지머리 계)의 8획 別(별) 카드046

047.

부수자 巾 (수건 건)의 5획　　別(별) 카드047

추 帚

① 비/소제할/쓸다 추
　　(청소하는 용구 비)
② 대싸리/별 이름 추
['ㅋ오른손/손 우'으로, →
　→ '巾:앞치마'를 '冖:두름']

※ [크크돼지머리 계]와 [ㅋ오른손/손 우]
는 서로 다른 모양의 글자임에 유의해야함.

◆ [쓰임의 예]
掃(소)→쓸 소, 歸(추)→쏘가리 추.

부수자 巾 (수건 건)의 5획　　別(별) 카드047

048.

부수자 又(또/오른손 우)의 5획　　別(별) 카드048

침 叀

거듭할/거듭될 침

叀=[ㅋ오른손/손 우+冖덮을 멱+又
오른손/손 우]→손에 손을 거듭하여 덮음

※ [크크돼지머리 계]와 [ㅋ오른손/손 우]
는 서로 다른 모양의 글자임에 유의해야함.

◆ [쓰임의 예]

侵범할/침해할/점/차차/습격할/흉작/침노
할/침략할 침

浸적실/불릴/잠길/빠질/스며들/담글 침

鋟새길/날카롭다 침

부수자 又(또/오른손 우)의 5획　　別(별) 카드048

049.

부수자 ノ (삐칠 별)의 4획　別(별) 카드049

사/작

乍

① 잠깐/얼핏/언뜻/겨우 사

② 갑자기/만들다/짓다/처음 사

③ 차라리 작

◆ [쓰임의 예]

作(작) 昨(작) 岝(작) 怍(작) 笮(착)
지을/만들　어제　산 높을　부끄러워할　좁을

柞(작) 詐(사) 炸(작/알) 阼(조(작))
떡갈나무　속일　터질·튀길 작/　동편 층계
기름에 튀길(지질) 알　섬돌

부수자 ノ (삐칠 별)의 4획　別(별) 카드049

050.

부수자 用 (쓸 용)의 2획　別(별) 카드050

용

甬

① 골목길/길/종 꼭지 용

② 꽃봉오리 부풀어 오른·
  꽃피는 모양 용

③ 물 솟아 오를 용

④ 대통  ⑤ 훌륭할 준

◆ [쓰임의 예]

通(통)　痛(통)　桶(통)　捅(통)
통할　아플　통/물건을 담는　나아갈

부수자 用 (쓸 용)의 2획　別(별) 카드050

051.

マ

부수자 厶 (사사로울 사)의 0획   別(별) 카드051

함

マ

손잡이/꼭지 함

◆[쓰임의 예]

甬→골목길/길/종 꼭지 용

부수자 厶 (사사로울 사)의 0획   別(별) 카드051

052.

朿

부수자 木 (나무 목)의 2획   別(별) 카드052

자

朿

①가시/가시나무 자

◆朿유사(비슷)한 글자에 주의.
'束묶다/매다/동여맬/합치다/결박할/띠를 맬 속'과는 다른 글자이다.

◆[쓰임의 예]

刺(척/자/체)   棗(조)   棘(극)
찌를 자/척,비방할 체.   대추   대추나무

鞙(객) 策(책) 棘(극) 莿(자)
굴레/고삐 채찍 아기풀 풀가시

부수자 木 (나무 목)의 2획   別(별) 카드052

053.

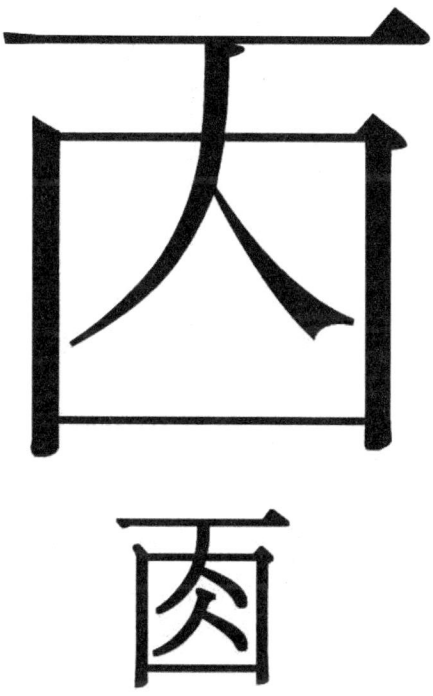

부수자 一 (하나 일)의 5획　別(별) 카드053

[첨]

丙 (丙 古字(고자))

핥을 첨

◆ [쓰임의 예]
恬=恬(념)　宿=宿(숙)의 본자
편안할　　잠잘 숙

부수자 一 (하나 일)의 5획　別(별) 카드053

054.

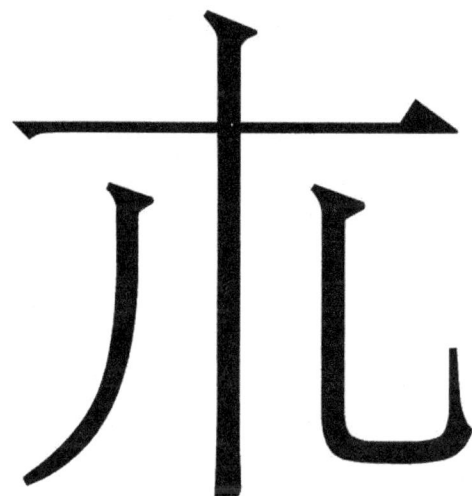

부수자 木 (나무 목)의 0획　別(별) 카드054

[빈]

朩

①삼 빈
②삼줄기 껍질 빈
(삼베 옷 만드는 '삼')

◆ [쓰임의 예]
枾(파)　麻(마)　嘛(마)　麼(마)
삼실　삼/삼실　어조사　잘다/무엇

부수자 木 (나무 목)의 0획　別(별) 카드054

055.

부수자 木 (나무 목)의 1획　　別(별) 카드055

술/출

朮

① 찰기장 **술/출**
② 삽주(뿌리)약초/차조 **출**

◆ [쓰임의 예] 沭(술)고을/냇물 이름
怵(출) 怵(출) 秫(출) 訹(수) 術(술)
두려워할 홈 부드러울 차조/찹쌀 꾀이다 꾀/계략
　　　　　　　　　　　　　　　　　/찰기장
述(술)짓다/글을 짓다　 沭(술)돗바늘

부수자 木 (나무 목)의 1획　　別(별) 카드055

056.

부수자 木 (나무 목)의 4획　　別(별) 카드056

파

朮朮

① 삼 실 **파**[=朮+朮]
(가늘게 벗긴 것을 꼬아
만든 실→삼베옷감재료)
② 꽃봉오리/삼베 **패·배**

◆ [쓰임의 예]
麻(마)　痲(마)　磨(마)　蟆(마)
삼/삼실　저릴　숫돌/갈다　개구리/두꺼비

부수자 木 (나무 목)의 4획　　別(별) 카드056

057.

臤

부수자 臣 (신하 신)의 2획　　別(별) 카드057

| 간/견/갱 |

臤

① 굳을 간/견/갱
② 어질 현賢의 古字(고자)

◆ [쓰임의 예] → 䩄(견)제비쑥 견

堅(견)　樫(견)　煡(견)　蠒(견)
굳을　떡갈나무　쇠를 달구어　누에
　　　　　　　물에 담그다

부수자 臣 (신하 신)의 2획　　別(별) 카드057

058.

朿

부수자 丿 (삐칠 별)의 3획　　別(별) 카드058

| 자/제 |

朿

① 그칠/멈출 자/제
[성장이 멈추다/그치다]

◆ [쓰임의 예] 胏(자)

秭(자)　姊(자)　第(자)　柹(시)
부피 이름　손윗 누이　평상/　감나무
벼 이백 뭇　　　　대자리

胏(자) : 밥 찌끼/먹다 남은 밥/마른 고기/포 자.

부수자 丿 (삐칠 별)의 3획　　別(별) 카드058

059.

부수자 止 (그칠/발 지)의 0획   別(별) 카드059

달

少 = 止

① 밟을/왼 발바닥 달
② 왼 발/왼 발 밟을 달

◆ [참고]: 止 오른발/그칠 지

◆ [쓰임의 예]
步(보) 걷다/다닐/두 발 자취/여섯 자/운수/나루/행위/보병/걸리다 보

부수자 止 (그칠/발 지)의 0획   別(별) 카드059

060.

부수자 土 (흙 토)의 2획   別(별) 카드060

록

坴

① 버섯/두꺼비 록(녹)
② 느릿느릿 걸을 록

◆ [쓰임의 예]
陸(륙) 坴(륙) 淕(륙) 鯥(륙)
뭍/육지 언덕 엉긴 못 물고기 이름

부수자 土 (흙 토)의 2획   別(별) 카드060

061.

円

부수자 冂 (멀 경/빌 형)의 2획　別(별) 카드061

원

円

둥글 원(圓)

※둥글 원(圓)의
　약자(略字) 및 俗字(속자)

부수자 冂 (멀 경/빌 형)의 2획　別(별) 카드061

062.

畐

부수자 田 (밭 전)의 4획　別(별) 카드062

복

畐

①가득할(찰)/술병 복
②술병(술단지) 가득할 복
③피륙의 폭(나비) 복

[비슷한 글자에 유의]
※畗→[畣답 또는 福복]의 古字(고자)
　→또는 畐의 本字(본자).

◆[쓰임의 예]

福(복)복/복내림/돕다/제사에 쓴 고기와 술 복

匐(복)　蔔(복)　葍(복)　蝠(복)　福(복)
엎드려 기다　치자꽃　메꽃　박쥐　갖추다

부수자 田 (밭 전)의 4획　別(별) 카드062

063.

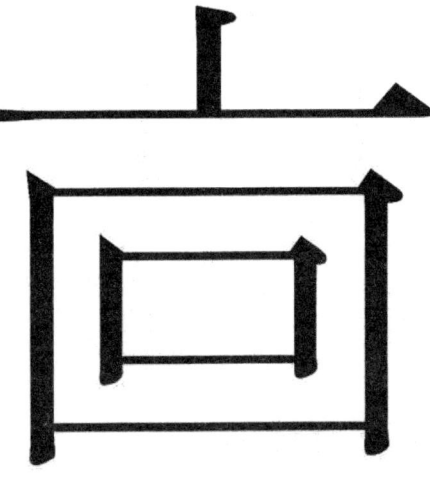

부수자 亠 (머리부분 두)의 6획 別(별) 카드063

| 름 |

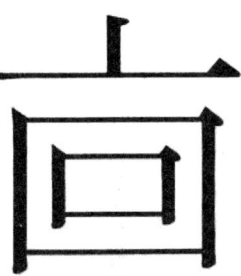

쌀 곳간/광 름(늠)

◆[쓰임의 예]
凛(름) 廩(름) 懍(름) 檁(름)
차다   곳집 위태하다 들보도리
늠름한 모양   쌀 광

嗇(색)아낄/춥춥할/인색할/탐할/권농할/
       농부/벼슬 이름//거두어 들일 색

부수자 亠 (머리부분 두)의 6획 別(별) 카드063

064.

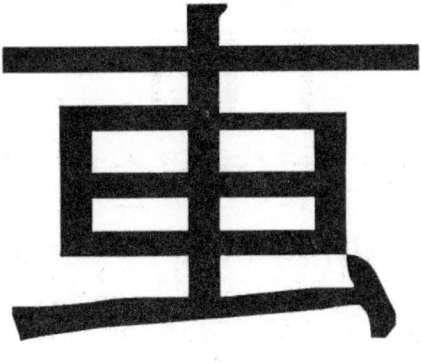

叀은 부수자 厶(사사 사)의 6획 別(별) 카드064

| 전 |

①물레/실패 전
②삼갈/조금삼갈 전

※실패=바느질 실을 감는 기구.
※'叀'은 '專(오로지전)'과 同字(동자)

◆[쓰임의 예]
專(전) 傳(전) 轉(전) 嫥(전)
오로지   전하다 구르다   아름답다

叀은 부수자 厶(사사 사)의 6획 別(별) 카드064

065.

綜

부수자 幺 (작을/어릴 요)의 8획　別(별) 카드065

관

綜

북에 실을 꿸 관
(북=길쌈할 때의 북)

◆[쓰임의 예]
關(관)빗장 관

부수자 幺 (작을/어릴 요)의 8획　別(별) 카드065

066.

音·杏

부수자 口 (입 구)의 5획　　別(별) 카드066

부/투

音·杏

音(부)=[立+口=音]사람이 서서(立)
말다툼(口)할 때에 침방울이 튀는 상태~

① 튀어 갈라질/가를/비웃을 부
② 튀는 것을 받지 않을 부
③ 침/침 튀겨 가를 투/부
(杏와 音는 同字동자).

◆[쓰임의 예]
剖(부)　　培(부)　　殕(부)　　部(부)
쪼갤　　살찌다　　썩을　　거느릴/나눌

부수자 口 (입 구)의 5획　　別(별) 카드66

067.

市

(巾수건 건+一하나 일=市)
(필순: 一일+冂경+丨곤)
[巾 부수의 제 1획 글자이다.]

부수자 巾 (수건 건)의 1획   別(별) 카드067

불/발

市

①앞치마/슬갑 **불**
②무성하다 **발**
(巾수건 건+一하나 일=市)
(필순: 一일+冂경+丨곤): 총4획
[巾 부수의 제 1획 글자이다.]

◆[쓰임의 예]
茀(불) 肺(폐) 沛(패) 芾(패)
우거지다 허파 늪/못/습지 엎드리다

부수자 巾 (수건 건)의 1획   別(별) 카드067

068.

畟

부수자 田 (밭 전)의 5획   別(별) 카드068

측

畟

①나아갈/밭 갈다 **측**
②날카로운 보습 **측**
③밭을 가는 모양 **측**

◆[쓰임의 예]
稷(직) 櫻(직) 浚(직) 禝(직)
기장 나무 이름 물결 사람 이름

부수자 田 (밭 전)의 5획   別(별) 카드068

069.

幺幺

부수자 幺 (작을/어릴 요)의 3획 別(별) 카드069

유

幺幺

작을 유

◆[쓰임의 예]

㴛=濕(습/답/압/섭) 隂=隰(습)
축축할 습 사람 이름 섭   진펄/개간지
강 이름 답 나라 이름 압

부수자 幺 (작을/어릴 요)의 3획 別(별) 카드069

070.

𠂤
𠂤 𠂤

부수자 丿 (삐칠 별)의 5획   別(별) 카드070

퇴

𠂤 𠂤 𠂤

① 쌓일/흙무더기/언덕 퇴
② 작은 산/덩어리/무더기 퇴
③ 많은 제자들/놓을(버릴) 퇴
④ 무리(떼) 사

※𠂤의 本字(본자)는 堆(퇴)이다.

◆[쓰임의 예]

阜(부) 師(사) 官(관) 埠(부) 苢(이)
언덕   스승   벼슬   선창   질경이
     군대 단위

※[참고] 𨸏(=障)성할/두 언덕사이 부

부수자 丿 (삐칠 별)의 5획   別(별) 카드070

071.

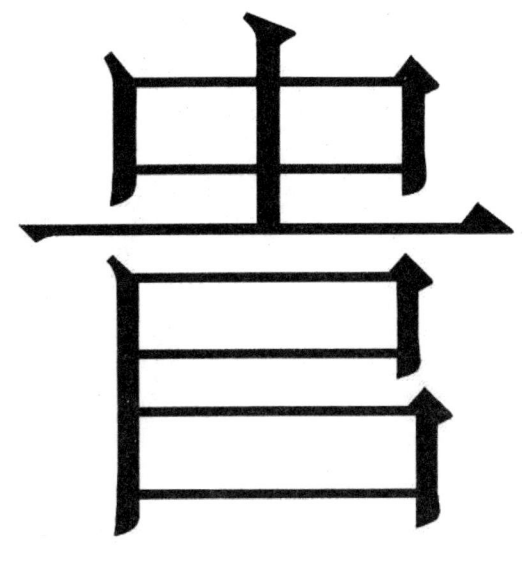

부수자 口 (입 구)의 7획　別(별) 카드071

견

啚

① 작은 흙덩어리 견
② 작은 덩어리 견

◆ [쓰임의 예]
譴(견)　遣(견)　鑓(견)　繾(견)
꾸짖을　보내다　창(槍也)　곡진하다

부수자 口 (입 구)의 7획　別(별) 카드071

072.

부수자 丿 (삐칠 별)의 1획　別(별) 카드072

예

乂

① 어질/풀 벨 예
② 다스릴 예

◆ [쓰임의 예] → 父(부) 아버지 부
爻(효)　交(교)　窔(효/교)　佼(교)
육효/사귈　사귈　단소 효　예쁠
본받을　　　　대 새끼 교

부수자 丿 (삐칠 별)의 1획　別(별) 카드072

073.

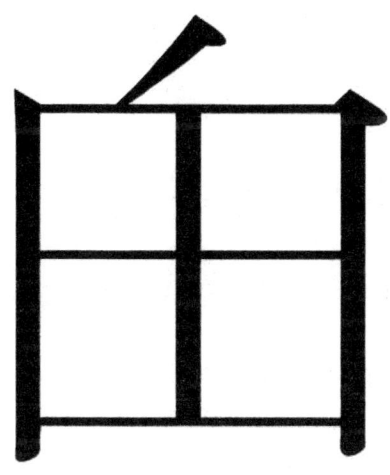

부수자 田 (밭 전)의 1획   別(별) 카드073

불

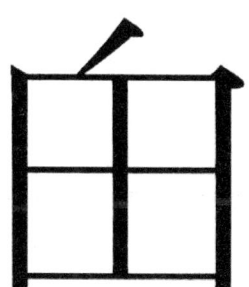

귀신 머리 불

◆ [쓰임의 예]

鬼(귀)귀신 귀 비

부수자 田 (밭 전)의 1획   別(별) 카드073

074.

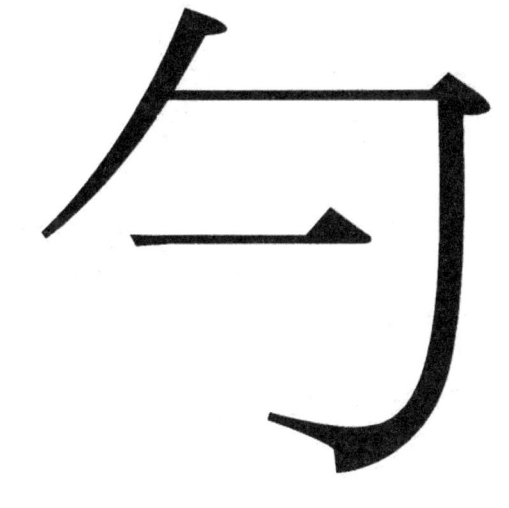

부수자 勺 (쌀/에워쌀 포)의 1획 別(별) 카드074

작

① 구기/조금/작을 작
② 국자/술 같은 것을 뜰 때 쓰이는 국자 작
③ 홉의 10분의1 작

◆ [쓰임의 예]:的과녁/표준/어조사 적
灼(작) 芍(작) 妁(작) 狗(작)
불사를 함박꽃/작약 중매   아롱짐승
酌(작) 葯(약) 釣(조) 杓(표/적)
술따를 꽃밥/구리때 잎 낚시 북두(별)자루/맬 표
枸가로질러 놓은 나무다리/구기 작 표적 적/구기 작

부수자 勺 (쌀/에워쌀 포)의 1획 別(별) 카드074

075.

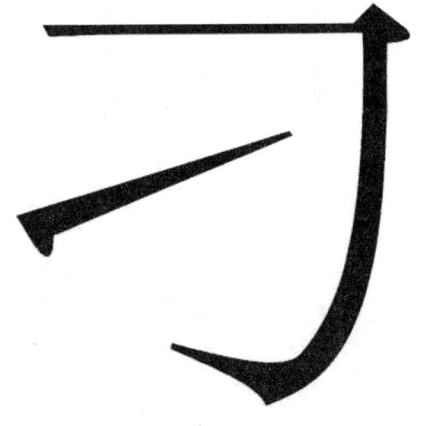

부수자 刀 (칼 도)의 0획 別(별) 카드075

조

①바라/동라/조두 조
②나무끝 까딱거릴 조
③흔들려 움직이는 모양 조

[바라/동라]='징'과 같은 종류. 鑼=징 '라'
[조두]=군대에서 야경할 때 치고 다니던
　　　銅鑼(동라)를 '조두' 라고 함.

◆[쓰임의 예]

叼(조)입에 물 조

부수자 刀 (칼 도)의 0획　別(별) 카드075

076.

부수자 厶(사사로울 사)의 1획　別(별) 카드076

돌

①아이 낳을(나올) 돌
②해산할 때 아이 돌아나올 돌
③불효자/갑자기 돌

◆[쓰임의 예]

充(돌)거꾸로 떠내려갈/갑자기 나올 돌

부수자 厶(사사로울 사)의 1획　別(별) 카드076

077.

巛

巛 ← [川 = 巛]

부수자 川=巛 (내 천)의 0획   別(별) 카드077

천

川
내 천

巛←[川=巛]과 같은 글자

◆[쓰임의 예]
流(류)　硫(류)　琉(류)　旒(류)
흐를　　유황　　나라 이름　깃발

航(류)　蓏(류)　梳(류)
배가 흐르다　떠다니는 풀　옷 치렁거릴

부수자 川=巛 (내 천)의 0획   別(별) 카드077

078.

充 = 㐬 → 㐬

부수자 厶 (사사로울 사)의 4획   別(별) 카드078

돌류

充 㐬 → 㐬
①②돌　　③깃발 류

①充:거꾸로 떠내려갈 돌
②充:갑자기 나올 돌
③充:매단 깃발이 아래로 축 늘어진 모양/늘어진 깃 폭이 바람에 휘날리는 모양/깃발 류

◆[쓰임의 예]
流(류)　硫(류)　琉(류)　旒(류)
흐를　　유황　　나라 이름　깃발

航(류)　蓏(류)　梳(류)
배가 흐르다　떠다니는 풀　옷 치렁거릴

부수자 厶 (사사로울 사)의 4획   別(별) 카드078

079.

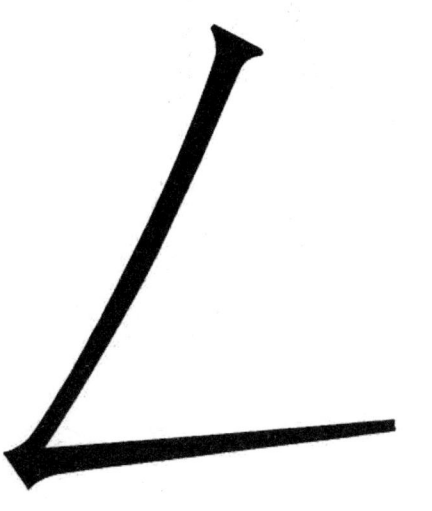

부수자 乙 (새 을)의 0획   別(별) 카드079

굉

ム

①둥글 굉(玄)의 古字(고자)

②팔뚝 굉(玄)의 古字(고자)

③팔 굉

◆ [쓰임의 예]

| ム(사) | 以(이) | 宏(굉) | 肱(굉) |
| 사사로울 | 써/~써 | 클/큰 집 | 팔뚝 |

부수자 乙 (새 을)의 0획   別(별) 카드079

080.

부수자 ム(사사로울 사)의 2획   別(별) 카드080

굉

팔뚝/둥글/활 굉

◆ [쓰임의 예]

| 郤(극) | 劤(극) | 宏(굉) | 肱(굉) |
| 틈/구멍/겨를 | 게으를 | 클/큰 집 | 팔뚝 |

부수자 ム(사사로울 사)의 2획   別(별) 카드080

081.

| 역/극 | 백 |

①거스릴 역
②갈래진 창 역/극
③초생달 백

◆[쓰임의 예]

逆(역)   繼(역)   螕=蚸(력/역)
거스릴   잇끈   방아깨비

愕:'愕놀랄악'의 본자. 厥(궐):그/그것

부수자 屮 中(왼손 좌/싹날 철)의 3획 別(별) 카드081

082.

| 간 |

①해돋을(이)/깃대 간
②해 처음 빛날/쓸(用) 간

◆[쓰임의 예]→韓(한):흰 꿩 한

榦(간)산뽕나무/담 기둥/줄기/우물 난간 간
乾(건)하늘/괘 이름/임금/굳셀/남자 건
擀(간)손으로 펴다/늘이다 간

부수자 人 (사람 인)의 8획 別(별) 카드082

083.

부수자 木 (나무 목)의 3획　　別(별) 카드083

찰

 =杀속자

① 죽일/나갈 곳 모를 찰
② 나무로 사람 칠 찰

◆[쓰임의 예]

殺(살)　搬(살)　樧(살)　縎(살/쇄)
죽일　　치다/　　오수유　깎아내다 살
　　　손바닥으로　쐐기　　감하다 쇄
　　　후려갈기다

부수자 木 (나무 목)의 3획　　別(별) 카드083

084.

부수자 木 (나무 목)의 5획　　別(별) 카드084

진

① 나무 포기져 나올 진
② 새 순 나올/베다 진

※[참고] 亲 개암나무/초목오보록
　　　할 진 : 유사함에 유의한다.

◆[쓰임의 예]

親(친)　嚫(친)　儭(츤/친)
친할　　베풀다　속 옷/시주 츤
사랑할　시주하다　어버이 친

부수자 木 (나무 목)의 5획　　別(별) 카드084

085.

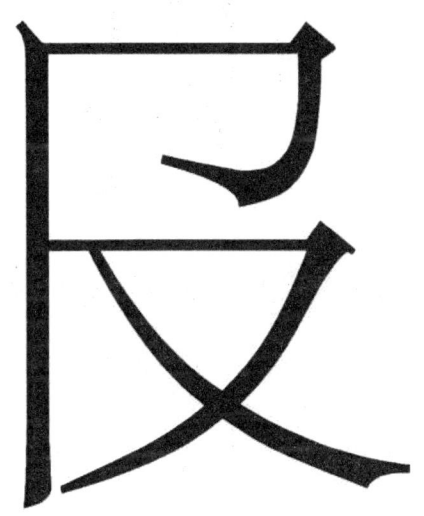

복

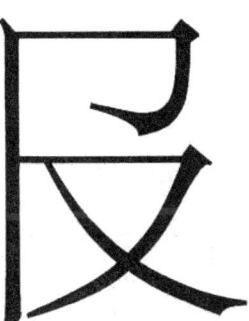

다스릴/일할 복

◆[쓰임의 예]

服(복)　榠(복)　䩙(복)　箙(복)
옷/의복　나무 이름　무/칼집　화살을
　　　　　　　　　　　　넣은 통

부수자 又 (또/오른손 우)의 2획　別(별) 카드085

086.

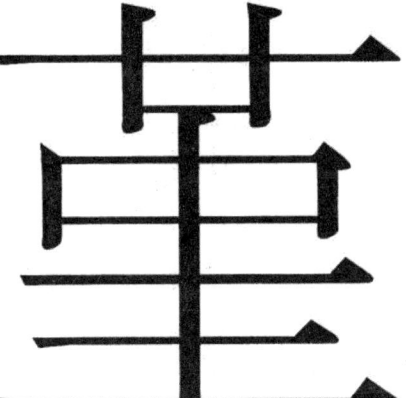

근

堇=茣

①찰흙/진흙/때/제비꽃 근
②맥질(매흙질)할 근
③적을(少)/노란 진흙 근

◆[쓰임의 예]

漢(한)　暵(한)　爟(연/선)　勤(근)
한수　　말릴　　공경할 연　부지런할
　　　　　　　　　　　사를 선

堇와 董(董)은 서로 다른 글자이며
'董=董'은 오랑캐꽃/무궁화 근
의 뜻과 음의 글자로, 비슷함에 유의해야 한다

부수자 土 (흙 토)의 8획　別(별) 카드086

087.

부수자 而 (말 이을 이)의 제 3획 別(별) 카드087

| 연 |

耎

① 연약할/부드러울 연
② 가냘픈/물러갈 연
③ 무딜/벌레굼실거릴 연

◆ [쓰임의 예]
愞(연)   偄(난)   瑌(연)   蝡(연)
여릴   연약할   옥돌   굼실거릴

부수자 而 (말 이을 이)의 제 3획 別(별) 카드087

088.

부수자 卜 (점 복)의 3획   別(별) 카드088

| 카/잡/가 |

卡

① 카드(Card) 카
② 지킬(관:) 잡
③ 기침할 가

◆ [쓰임의 예]
挚(잡)   佧(카)   胩(카)   咔(가)
누르다 종족 이름 유기화합물의 일종

부수자 卜 (점 복)의 3획   別(별) 카드088

089.

丫

부수자 丨(뚫을 곤)의 2획   別(별) 카드089

아

丫

①두 갈래질/가장귀 아
②작대기/가닥날 아
③여자 아이(계집하인) 아

부수자 丨(뚫을 곤)의 2획   別(별) 카드089

090.

复
=夏

부수자 夂(천천히 걸을 쇠) 6획   別(별) 카드090

복

复 = 夏

①갈/돌아갈 복
②옛길을 갈 복

◆[쓰임의 예]
復(복) 腹(복) 複(복) 馥(복) 鰒(복)
돌아올 배   겹옷   향기   전복

부수자 夂(천천히 걸을 쇠) 6획   別(별) 카드090

091.

부수자 ㅣ(뚫을 곤)의 2획   別(별) 카드091

개

个

① 낱/낱낱/갯수 개
② 명당곁방 개
③ 일산·양산(우산) 개

1. 個(낱/낱낱 개)의 고자(古字)
2. 个: 지금은 중국의 간체자(간화자)로 쓰여지고 있다.

◆ [쓰임의 예]
  紒(축)풀(解也) 축

부수자 ㅣ(뚫을 곤)의 2획   別(별) 카드091

092.

부수자 宀(집 면)의 7획   別(별) 카드092

하·새·색

寒

① 틈/틈새/터질 하 〈주된 뜻과 음〉
② 변방 새 ③ 막을 색

※ 宀(집)+ 垚(벽)+ 八(벌어진 틈)=寒
垚→茻(풀숲 모)→艸(풀 초)+艸=茻(망/모)
※ 茻→艸(풀 초)+艸 = 茻(풀 무성할 망/모)
→ ++ (풀 초)+++, ※ 움막 집(宀) 벽의 얼
개(垚→茻풀숲 모)와 틈새(八나눌 팔)를 뜻한 글자
로, '틈/틈새/터지다'의 뜻으로 쓰이며, 더 나
아가서, 이 틈새를 막아야 한다는 뜻에서, '막
을 색/변방 새'의 뜻과 음으로도 쓰이게 되었다.

◆ [쓰임의 예]
寒(한)   寨(색/새)   塞(새/색)
차다/춥다 ①찰 색/새   ①변방 새
/얼다   ②막힐 색/새   ②막을 색

부수자 宀(집 면)의 7획   別(별) 카드092

093.

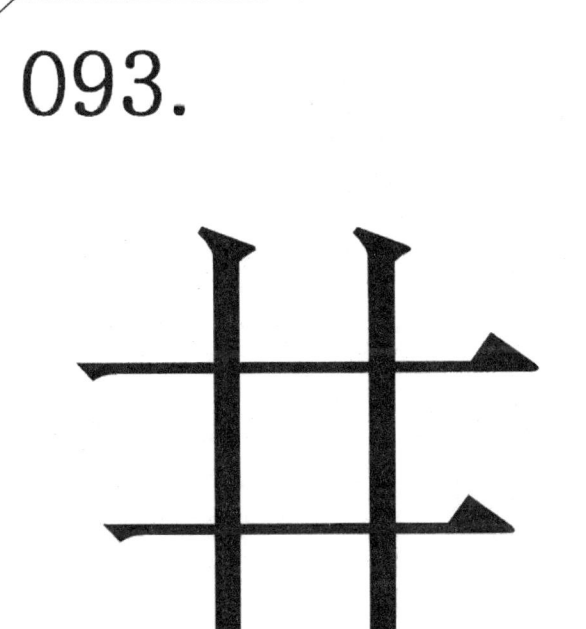

부수자 艸(풀 초) 의 6획→茻   別(별) 카드093

모/망

茻 = 茻

①풀 숲 모
②많은 풀 망

※茻→艸(풀 초)+ 艸=茻(풀 무성할 망/모)
→艹(풀 초)+ 艹

풀더미로 이루어진 풀 숲을 나타낸 글자.
'茻'→①무성한 풀 망 ②무성한 풀 모

◆[쓰임의 예]
寞(하)틈/틈새/터질 하, 寒막힐/찰 색/새
寒(한)차다/춥다/얼다 한 塞변방새/막을색

부수자 艸(풀 초) 의 6획→茻   別(별) 카드093

094.

부수자 丨(뚫을 곤) 의 6획   別(별) 카드094

관·천·곶

串

[中+中=串 → '中' 2개를 조합한 글자]

①익숙해질/습관 관
②꿸/꿰미/친할/수표(어음쪽) 천
③땅(바다로 불쑥 나온) 이름 곶
④꼬챙이/갑 곶

※(우리나라에서만, '땅이름'의 뜻으로 '곶'이라고 쓰여 지고 있다. 예:①장기곶=호미곶=동외곶,②간절곶③장산곶). ◆串→2개의 물건('ㅁ+ㅁ')을 염주알이나 엽전을 꿰듯 하나로 꿰었다(丨)는 데서 '꿰다/꿰뚫다/익숙해지다'는 뜻을 나타낸 글자이다.

※<대법원 지정 인명 한자음→ '관·곶'>

부수자 丨(뚫을 곤) 의 6획   別(별) 카드094

095.

부수자 人(사람 인)의 3획　　別(별) 카드095

| 진 | 㐱 |

① 머리숱 많고 검을 진
② 머리 검을/검은 머리 진
③ 머릿결 진　④ 참빗 진
※ 人(사람 인) + 彡(곱게 잘 빗겨진 머리털 삼) = 㐱
◆ 彡 : 터럭/무늬/털(터럭) 그릴/터럭 꾸밀/
　　털 자랄/긴 머리/빛날 삼
※ 사람(人)의 뒷 모습에서 길고 검은 머리가 잘 빗어져 있는 모습을 뜻하여 나타낸 글자로, 그 검은 빛깔이 아주 '진'하게 비쳐진 데서 음을 '진'이라 하지 않았나 한다. 또는 '鬒(머리숱 많을 진)'이란 글자에서 '진'이란 '음'이 되었다고 한다. 또 '鬒'의 본래의 글자라고 하기도 한다.
◆ [쓰임의 예] → 跈다할 진, 珍보배 진
診보다 진, 疹홍역 진, 抮되돌릴 진

부수자 人(사람 인)의 3획　　別(별) 카드095

096.

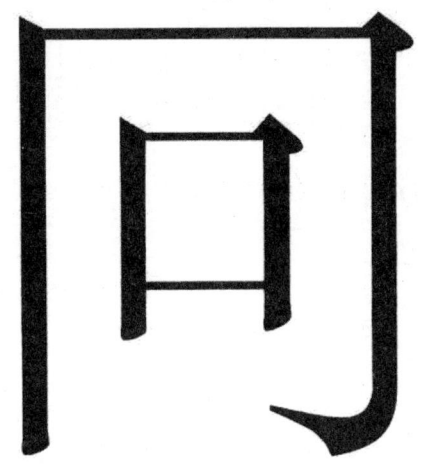

부수자 冂(멀 경/빌 형)의 3획　別(별) 카드096

| 경/형 | 冋 |

① 들/성곽 경/② 들 형
　(郊성밖/시골 고 也어조사 야)
◆  들 경 과 冋 들 경은
　　　同字(동자)이다.

◆ [쓰임의 예]
駉(경) 炯(형) 泂(형) 詗(형) 苘(경)
목장　빛날　멀다/차다　염탐할　어저귀

부수자 冂(멀 경/빌 형)의 3획　別(별) 카드096

097.

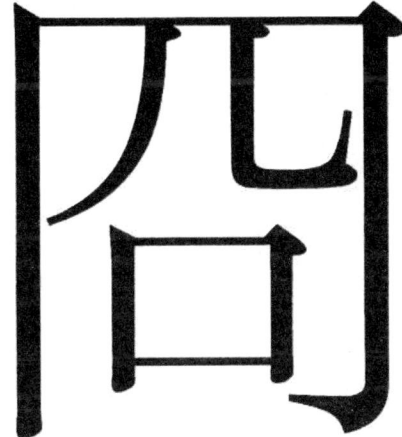

부수자 冂(멀/빛/성곽/틀 경) 5획 別(별) 카드097

경

冏

빛날 /밝을/창 경

※冂(빈/성곽/틀 경)+八(나눌 팔)+口(입 구)

창틀(冂) 창문을 '八·口'로 모양을 만든 틈새로 달빛과 햇빛이 비추어져 나오기 때문에 '밝다/빛나다'의 뜻이 된 글자.

◆[쓰임의 예]

矞(율) 熲(형/경) 橘(귤) 繘(율)
송곳질할   빛날 형/   귤나무   두레박줄
/뚫다   무더울 경   실오리/실날

驈(율)鱊(율)霱(휼/原音율) 潏(휼/술/율)
살이 흰 실뱅어 상서로운   샘솟을 휼/모래톱 술
검은 말   구름   물 흐르는 모양 율

부수자 冂(멀/빛/성곽/틀 경) 5획 別(별) 카드097

098.

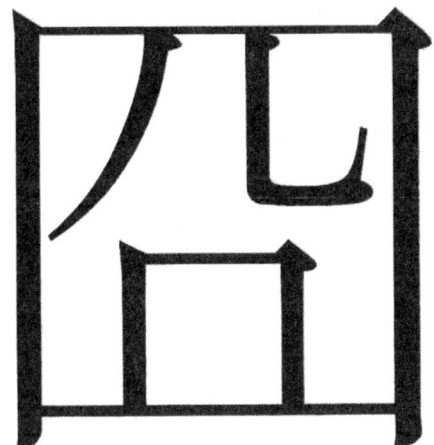

부수자 囗(에워쌀 위)의 4획 別(별) 카드098

경

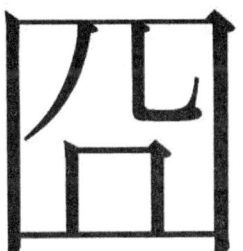

①창이 뚫려 밝을 경
②창 밝을 경

※冏과 同字(동자)

◆[쓰임의 예]

茵(맹)패모 맹
   백합과에 딸린 여러해살이 풀 맹

부수자 囗(에워쌀 위)의 4획 別(별) 카드098

099.

夬

부수자 大 (큰 대)의 1획　別(별) 카드099

①결·②쾌

夬

①각지 결
(활 시위 당길 때 엄지에 끼는 기구)
②괘 이름/결단할/정할/
나누다/터놓을(터지다)
/갈라놓다/틀 쾌

◆[쓰임의 예]
決(결)　缺(결)　訣(결)　抉(결)
터질/결단할　이지러질　이별할　도려내다

부수자 大 (큰 대)의 1획　別(별) 카드099

100.

巠

부수자 川=巛 (내 천)의 4획　別(별) 카드100

경

巠

①물줄기/지하수 경
②선파도(直波) 경
③물이 질펀하게 흐르는 모양 경
④물이 넓고 큰 모양 경
※⑤땅 이름 형

◆[쓰임의 예]
俓(영/경)　徑(경)　勁(경)　涇(경)
급할 영/곧을 경　지름길　굳셀　통할

부수자 川=巛 (내 천)의 4획　別(별) 카드100

101.

丽

부수자 一丶(한 일/불똥 주)의 7획　別(별) 카드101

려 丽
※'麗'의 옛글자
① 고울/아름다울 려
② 무리지을/붙을 려
③ 둘이 짝지을 려

※똑같은 모양의 것들이 나란히 쌍으로 짝을 지어 있는 모양들은 아름답게 보이는 데서 만들어진 '글자'로 훗날 사슴이 짝을 지어 있는 모양으로 '鹿'자 위에 붙여서 아름다운 사슴을 나타내었다.

◆[쓰임의 예]

欐(려) 儷(려) 麗(려) 攦(려) 鱺(려)
들보　짝/한쌍　고울　꺾을　가물치

부수자 一丶(한 일/불똥 주)의 7획　別(별) 카드101

102.

処

부수자 几(안석/책상 궤) 3획　　別(별) 카드102

처 処
거처할 처

※攵(천천히 걸을 쇠)+几(안석/책상 궤)=処
'處(살/곳/머물러 사는 곳 처)'
　와 같은 글자로 쓰임.
→處=虍(호랑이 가죽무늬 호)+処

◆[쓰임의 예]

拠(거) 의지할 거

부수자 几(안석/책상 궤)의 3획　別(별) 카드102

103.

부수자 勹 (쌀/에워쌀 포)의 3획 丐(개) 카드103

갈/개

匃

① 빌/구할/구걸할 갈/개
② 다니며 청할 갈/개
③ 취할/줄 갈/개

◆ [쓰임의 예]

曷(갈) 葛(갈) 褐(갈) 渴(갈)
어찌   칡   털옷   목마를

喝(갈) 鞨(갈) 碣(갈) 竭(갈)
꾸짖을   말갈   비석   다할

부수자 勹 (쌀/에워쌀 포)의 3획 丐(개) 카드103

104.

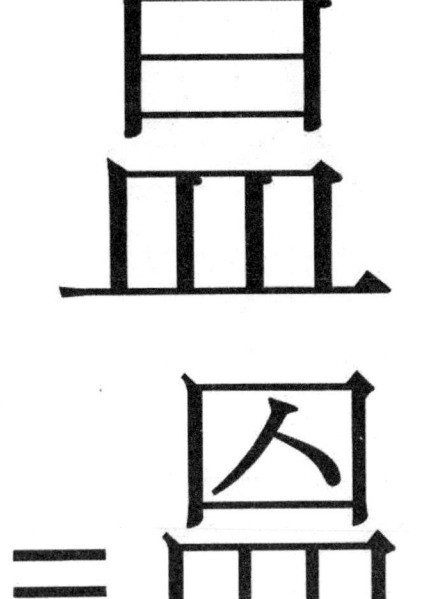

부수자 日 (날 일)의 5획   別(별) 카드104

온

昷 = 昷

어질다 온

◆ [쓰임의 예]

溫(온) 瑥(온) 瘟(온) 媼(온) 慍(온)
따뜻할 사람이름 염병/피로울 할미 성낼

搵(온) 榲(온/올) 殟(올/온) 韞(온)
잠길 기둥 온/올발 올 심란할/낙태할 올 향기로울
       마르멜로나무 올   병들/다할 온

부수자 日 (날 일)의 5획   別(별) 카드104

105.

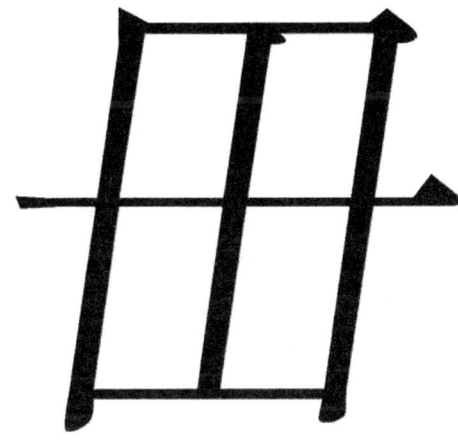

부수자 毌 (말 무)의 0획 別(별) 카드105

관

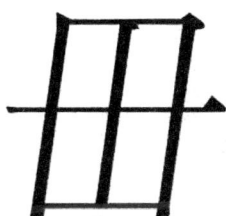

꿸/꿰뚫을/땅 이름 관

※ ['毋말 무'] 부수자 제 0획에 분류되어 있으며, 毌은 毋(…하지 말라 무)와는 다른 글자이다.

◆[쓰임의 예]
'貫'과 동일한 뜻의 글자이다.
(꿰다/꿰뚫다/착용할/통과할/적중할/이어질)

부수자 毌 (말 무)의 0획 別(별) 카드105

106.

부수자 子 (아들 자)의 4획 別(별) 카드106

교

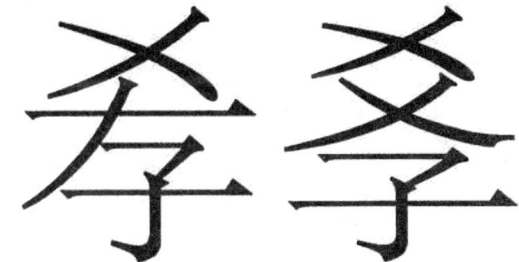

인도할 교/본받을 교
[爻 본받을 효 + 子 자식 자]

※부모는 자식(子)을 바르게 인도하기 위해서는 자식(子)앞에서는 본받는(爻) 행동을 한다.

◆[쓰임의 예]
敎(교)가르치다/교령/하여금/본받을 교
[참고]:'敎(교)'는 '敎(교)'의 俗字(속자)

부수자 子 (아들 자)의 4획 別(별) 카드106

107.

부수자 亅(갈고리 궐)의 2획　別(별) 카드107

마

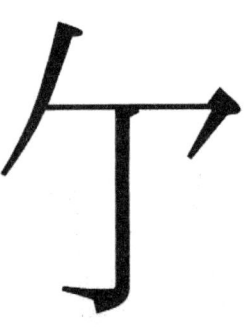

망치/땅 이름 마

※ [우리나라에서 만들어 쓰이는 한자]

'쇠'→이런 모양으로 표기하여 쓰여지기도 함.

부수자 亅(갈고리 궐)의 2획　別(별) 카드107

108.

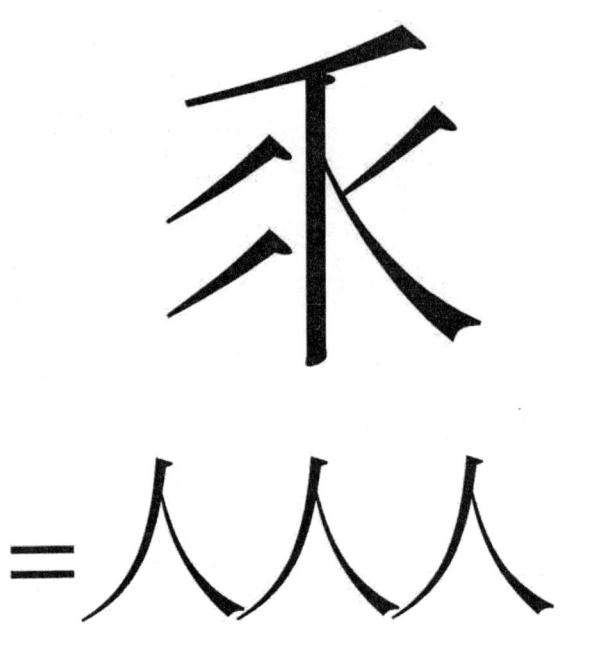

부수자 丿(삐칠 별)의 5획　別(별) 카드108

음/임

乑 = 众

[乑←众·(人人人)·仦]
①사람 많이 모일 음/임
②여럿이 섰을/나란히·모여 설 음/임, ③기어오를 임

◆ 仦=衆(무리 중)의 本字(본자)
◆ [쓰임의 예]
衆(중)무리/많은 사람/많은 일/백성 중
霶(중)가랑비/장마 중

부수자 丿(삐칠 별)의 5획　別(별) 카드108

109.

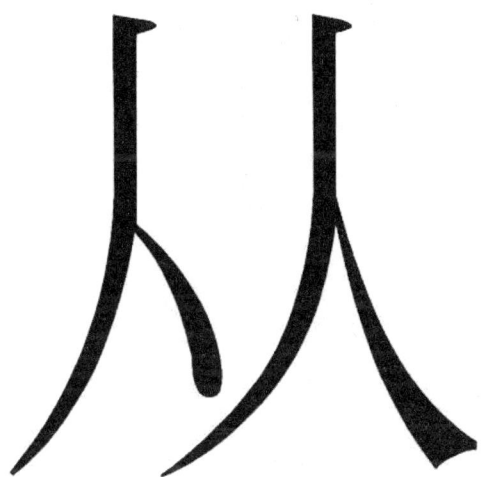

부수자 人 (사람 인)의 2획   別(별) 카드109

종

① 두 사람/많은 사람 종
② 좇을/따를 종(從)의 古字 (옛글자)

◆ [쓰임의 예]

從(종)　縱(종)　慫(종)　嵷(종)
좇을　 늘어질　권하다　산 우뚝할
순직할　용서할　놀라다　높고 험할

부수자 人 (사람 인)의 2획   別(별) 카드109

110.

부수자 子 (아들 자)의 4획   別(별) 카드110

부

① 알 깔/빛날 부
② 미쁠(미쁘다) 부
③ 기를(기르다) 부

◆ [쓰임의 예]

猙(화) 脬(포) 浮(부) 俘(부) 稃(부)
강아지 오줌통 뜨다 사로잡다 된죽
　　　　　　　　　　　　　왕겨/산자

부수자 子 (아들 자)의 4획   別(별) 카드110

111.

부수자 寸 (마디 촌)의 4획   別(별) 카드111

률

취할 률
(한 손에는 들고 한 손으로 취할)

◆[쓰임의 예]

埒(랄) 捋(랄) 刐(랄) 脟(열)
낮은 담 집어 따다 깎다 갈빗살
둑/제방 쓰다듬다

哷(렬) 蛶(렬) 鋝(렬)
닭 우는 소리 벌레 이름 열 냥쭝/무게 여섯 냥

부수자 寸 (마디 촌)의 4획   別(별) 카드111

112.

부수자 又 (또/오른손 우)의 4획 別(별) 카드112

표

①물건 떨어져 위아래
  서로 붙을 표
②떨어질/주고 받을표

◆[쓰임의 예]

亂(란)어지러울 란 ※𤔔'[乙←幺어릴 요
→乙:얽혀있는 실타래 모양 또는 幺→乙:어
린아이가 둘이서 다투는 모양]'경계선(冂멀/
빈/성곽 경)을 사이에 두고 실타래가 얽혀
있는 것(乙←幺)을 또는 어린애들이 다투는
것을 손(爫 손톱(왼손)조 又손(오른손) 우)으
로 떼어 말린다(𠬪떨어질 표)는 뜻.

부수자 又 (또/오른손 우)의 4획 別(별) 카드112

113.

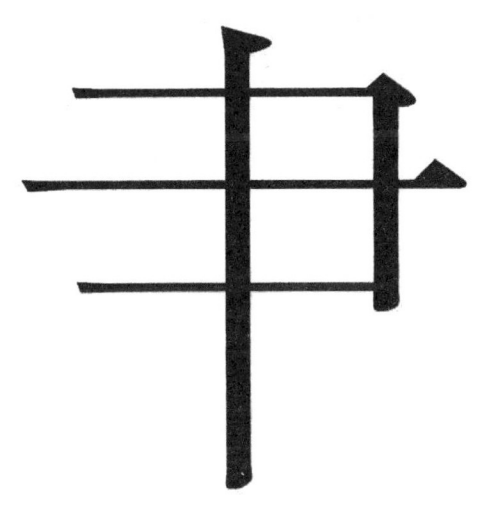

부수자 丨(꿰뚫을 곤)의 3획　別(별) 카드113

사

肀

| ヨ오른손 우 + 丨꿰뚫을 곤 |
| (손/오른손)　　(막대/붓 대) |

붓 사

◆[쓰임의 예]
肀[섭/녑(엽)]손 놀릴 섭/대(竹) 녑

부수자 丨(꿰뚫을 곤)의 3획　別(별) 카드113

114.

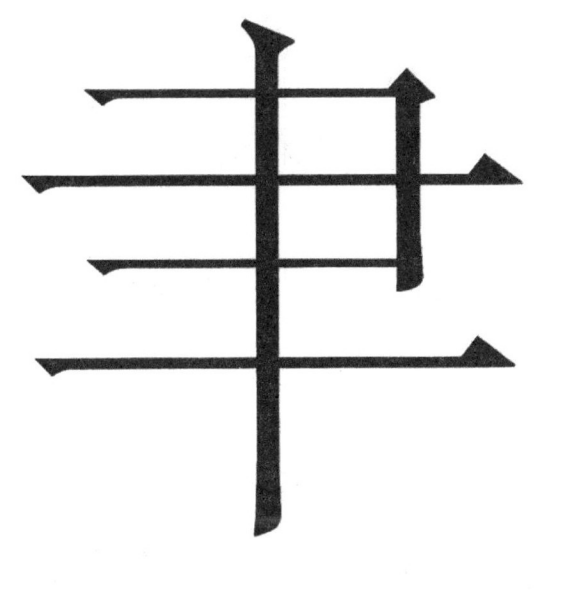

부수자 丨(꿰뚫을 곤)의 4획　別(별) 카드114

섭/녑(엽)

聿

①손 놀릴 섭
②대(竹也) 녑(엽葉)

※肀붓 사(ヨ손 우+丨뚫을 곤:붓 대)
　　+ 一(한 일:획을 긋거나, 그리는 것 등)＝聿

손(ヨ)에 붓대(丨)를 쥐고(肀붓 사) 마음대로 휘졌는(一) 모양(聿)을 뜻하여 나타낸 '글자'이다.

◆[쓰임의 예]→堻흙구덩이 률/율,
聿(율)붓 율 律법률 률 津나루터 진

부수자 丨(꿰뚫을 곤)의 4획　別(별) 카드114

115.

부수자 火 (불 화)의 5획　　別(별) 카드115

진

丨肀(?)

깜부기 불 진

◆ [쓰임의 예]

盡(진)　燼(신)　賮(신)　嚍(진)
다할/없어질　깜부기불　보배　화낼

부수자 火 (불 화)의 5획　　別(별) 카드115

116.

부수자 火 (불 화)의 6획　　別(별) 카드116

신/진

① 불탄 끄트머리 신/진

② 불똥/땔 나무 신/진

③ 초 끄트머리 신/진

④ 燼(신)과 同字(동자)
　　〈깜부기불〉

부수자 火 (불 화)의 6획　　別(별) 카드116

117.

부수자 尢兀允 (절름발이 왕)의 2획 別(별) 카드117

력(역)

걸을 때 종아리
엇갈릴 **력(역)**

◆ [쓰임의 예]

拋(포) 던질/버릴/전거(戰車)/
투석(投石)때 쓰는 전거(戰車)의 한가지

부수자 尢兀允 (절름발이 왕)의 2획 別(별) 카드117

118.

부수자 大 (큰 대)의 5획   別(별) 카드118

엽

① 놀랠 **엽**

② 계속 도둑질할 **엽**

③ 나쁜짓 계속할 **엽**

부수자 大 (큰 대)의 5획   別(별) 카드118

119.

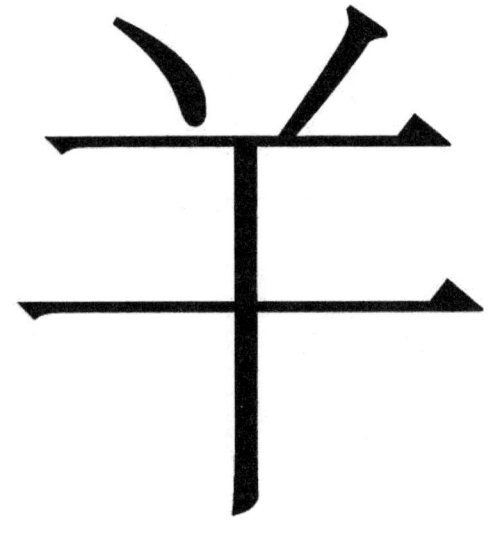

부수자 干(방패 간)의 2획　　別(별) 카드119

임

羊

① 약간 심할 **임**
② 점점 심해질 **임**
③ 찌를 **임**

부수자 干(방패 간)의 2획　　別(별) 카드119

120.

부수자 干(방패 간)의 5획　　別(별) 카드120

행

① 다행할/요행 **행**
② 바랄/거동할 **행**
③ 사랑할/성(姓)씨 **행**

부수자 干(방패 간)의 5획　　別(별) 카드120

121.

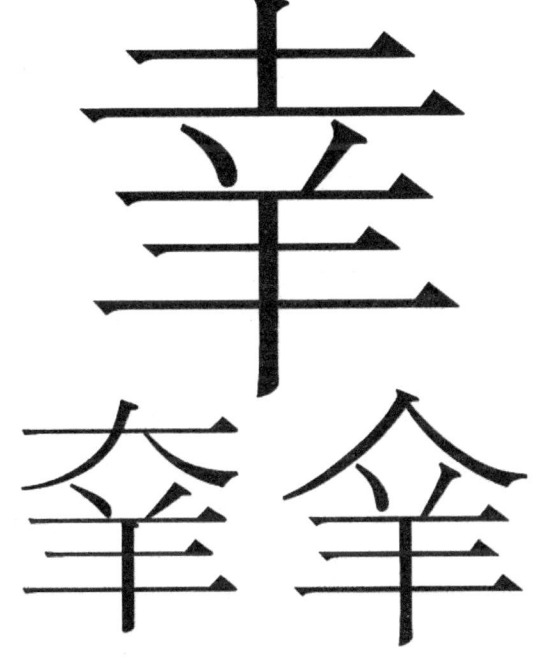

부수자 羊 (양 양)의 3/2획 別(별) 카드121

달

羍 夲 夆

① 어린 양/새끼양 달
② 맛 좋다/나다(生) 달
③ 아름다울 달
※ [幸=幸]과는 다른 글자이다.

부수자 羊 (양 양)의 3/2획 別(별) 카드121

122.

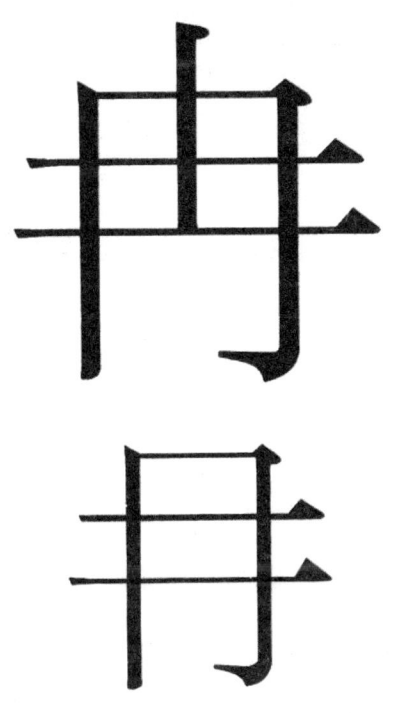

부수자 冂 (멀 경)의 3/2획 別(별) 카드122

염

冉 冄

① 다팔머리/나아갈 염
② 침범할/다닐/늘어질 염
③ 약할/타달거릴 염
④ 부드러울/위태로울 염
⑤ 풀이 무성한 모양 염
⑥ 거북의 등 언저리 염

◆ [쓰임의 예]

侢(칭) 苒(염) 髥(염) 蚺(염)
들다/클 풀 우거질 구레나룻 비단뱀

부수자 冂 (멀 경)의 3/2획 別(별) 카드122

123.

부수자 乙 (새 을)의 2획   別(별) 카드123

걸

乞

① 구할/빌을/달랄 걸
② 줄/빌려줄 기

◆ [쓰임의 예]
圪(골/개) 扢(흘/골) 吃(흘) 訖(흘)
편편할 골/   기뻐할 흘/ 말더듬을 이르다
평미레 개(槪) 문지를 골

부수자 乙 (새 을)의 2획   別(별) 카드123

124.

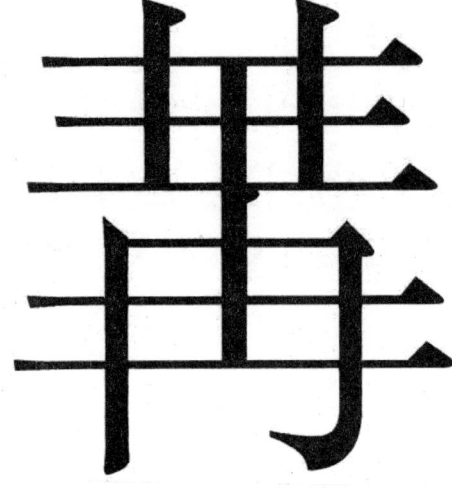

부수자 冂 (멀 경)의 8획   別(별) 카드124

구

冓 (芇모/망 + 冉염)

풀 숲 모/나아갈 염
많은 풀 망

① 짜다/짤/재목 어긋매겨 쌓는다/얽을/고을 이름 구
② 열천억/침방/방/지밀 구
③ 대궐 으슥한 곳-궁중에서 女官여관들이 거처하는 곳 구

◆ [쓰임의 예]
講(강) 構(강) 構(구) 傋(구) 媾(구)
익힐   김맬   얽을 어리석을 화친할
溝도랑/하수도 구, 購사다/살 구.

부수자 冂 (멀 경)의 8획   別(별) 카드124

125.

睪 = 罙

부수자 目 (눈 목)의 5획 글자 別(별) 카드125

답

罙 = 罙

①눈(眼)이 미치는 전망 답
②눈(目)물(氺=水) 흘러 미칠 답

◆ [쓰임의 예] → 鰥홀아비/환어/앓다 환
瘝병들다/비다 관.

遝(답) 鵽(답) 嚃(탑) 鞉탑
뒤섞일 새가 날 홀짝홀짝 마실 쇠북소리
따라붙다   종고소리
뒤얽힌 모양

부수자 目 (눈 목)의 5획 글자 別(별) 카드125

126.

戈 栽

부수자 戈 (창 과)의 2/3획 別(별) 카드126

재

戈 栽

다칠(傷也) 재

◆ [쓰임의 예] → 戴머리 위에 얹다/일 대
裁(재) 栽(재) 載(재) 哉(재)어조사
마름질(재단)할 심을 실을/싣다 비로소/처음/재앙
溨(재) 渽(재) 賳(재) 截(재)
맑을 물 이름 재물 쌀뜨물/식초

부수자 戈 (창 과)의 2/3획 別(별) 카드126

127.

戠 시/치

① 찰(진)흙 시/치
② 새길 지

◆ [쓰임의 예]

識(식) 織(직) 職(직) 樴(직)
알다 짤/짜다 벼슬 말뚝

嬂(직) 膱(직) 蘵(직) 蟙(직)
여자 이름 늘인 포 까마종이 박쥐

부수자 戈 (창/전쟁 과)의 9획   別(별) 카드127

128.

彔 록

① 나무깎을/영롱할 록
② 나무새길/근본(원) 록

※ 本字(본자) → 彔

◆ [쓰임의 예]

錄(록) 綠(록) 碌(록) 祿(록)
기록할 초록빛 돌모양 녹봉

부수 彑/ㅋ(돼지머리 계)의 5획   別(별) 카드128

129.

단

彖

①단/판단할/결단할 단
②주역 단사/점치다 단
③돼지 달아날 단

[참고] : ※단사의 한자→단사(彖辭)

◆[쓰임의 예]

椽(단) 鵜(단) 緣(연) 椽(연)
단 옷   새 이름 가선/인연 서까래
황후의 옷 이름   사닥다리

부수자 彑 (돼지머리 계)의 6획 別(별) 카드129

130.

괴

夭

척추뼈 괴

◆[쓰임의 예] → [척추]

脊 등성마루/등골뼈 척

→사람(人) 몸(月=肉)의 등뼈(脊)인 척추(丨) 양쪽으로 이어진 뼈 [(二人二) : 夭(척추뼈 괴)].

부수자 人 (사람 인)의 4획 別(별) 카드130

131.

卬

앙

卬

① 나/임금의 덕/높을 앙
② 격동할/물가오를 앙
③ 향할/바랄/기다릴 앙

◆ [쓰임의 예]

仰(앙)　抑(억)　昂(앙)　柳(앙)
우러를　누를　오르다　말뚝

迎(영)　茆(앙)　駉(앙)
맞이할　창포　말 놀랄/성낼

부수자 卩(무릎마디 절)의 2획　別(별) 카드131

132.

卯

제/경

卯

① 절주(節奏)할 제/경
② 두사람이 무릎을 마주
　 한(맞댄) 모양 제/경
③ 일을 제어하다 제/경

부수자 卩(무릎마디 절)의 2획　別(별) 카드132

133.

부수자 小 (작을 소)의 7획　　別(별) 카드133

| 극 |

⺌ = ⺌

벽의 틈 극

부수자 小 (작을 소)의 7획　　別(별) 카드133

134.

부수자 衣 (옷 의)의 4획　　別(별) 카드134

| 원 |

袁

① 옷이 길다 원
② 옷이 길어 치렁치렁한 모양 원

※ (옷이 치렁치렁거리는 긴 옷을 뜻함)

◆ [쓰임의 예]

猿(원) 轅(원) 榬(원) 溒(원) 蒝(원)
원숭이 끌채 얼레 물 흐를 애기풀

부수자 衣 (옷 의)의 4획　　別(별) 카드134

135.

了

부수자 亅(원갈고리 궐)의 1획　別(별) 카드135

료(요)

了

①마칠/밝을 료(요)
②깨달을 료(요)

◆[쓰임의 예]
衦(료)잠방이/가랑이가 짧은 홑고의 료

부수자 亅(원갈고리 궐)의 1획　別(별) 카드135

136.

刀

부수자 刀 (칼 도)의 1획　別(별) 카드136

인

刃

①칼날/미늘 인
②병장기/찌를 인

◆[쓰임의 예]
忍(인)　仞(인)　沏(인)　訒(인)
참을　길/재다　끈적거릴　말 더듬을
　　　　　　　/차다

부수자 刀 (칼 도)의 1획　別(별) 카드136

137.

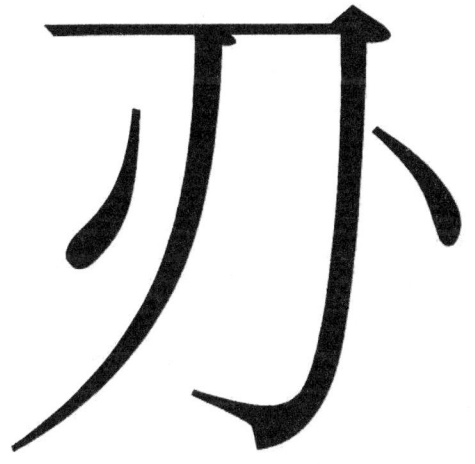

부수자 刀 (칼 도)의 2획 　　別(별) 카드137

창

刃

① 상처/해칠 창
② 다칠/상할 창

◆ [쓰임의 예]

剙(창)　梁(량)　堟(량)　樑(량)
비롯할　다리/교량　구름　들보/
　　　　징검다리　　　　대들보

부수자 刀 (칼 도)의 2획 　　別(별) 카드137

138.

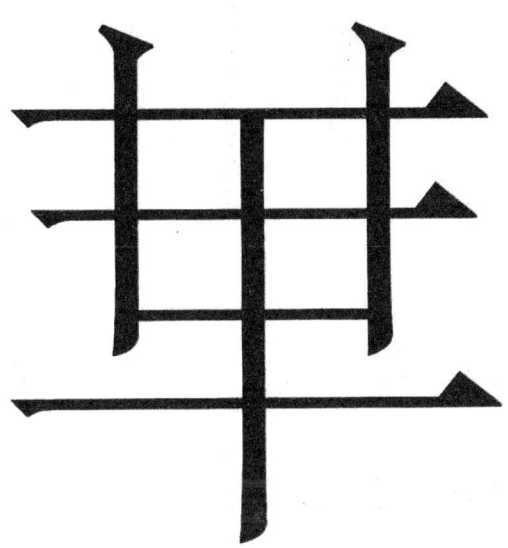

부수자 十 (열 십)의 5획 　　別(별) 카드138

필

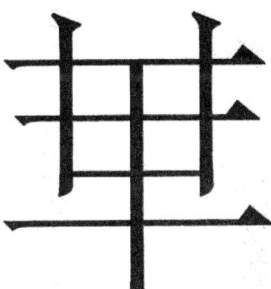

① 키 필
② 거름 주는 그릇 필

◆ [쓰임의 예]

畢마칠 필,　嗶울다/속삭이다 필,
彈쏠 필,　潷샘물 용솟을칠 필,
篳울타리 필, 蓽콩 필.

부수자 十 (열 십)의 5획 　　別(별) 카드138

139.

丩

부수자 ㅣ(꿰뚫을 곤)의 1획   別(별) 카드139

구

丩

① 넝쿨 벋을 **구**
② 휘감을/얽힐 **구**

◆ [쓰임의 예]

疝(교/구) 虯(규) 糾(규) 訆(규)
복통 교/혹 구 규룡   꼴/드리다/ 부르짖을/
              뿔없는 용 끌어 모으다 叫와 동자

부수자 ㅣ(꿰뚫을 곤)의 1획   別(별) 카드139

140.

亅

부수자 亅(왼갈고리 궐)의 1획 別(별) 카드140

갈

亅

① 움직이는 모양 **갈**
② 움직일 **갈**

부수자 亅(왼갈고리 궐)의 1획 別(별) 카드140

141.

刧刋

갈/계

刧刋

①교묘하게 새길 갈
②계약할 계

◆[쓰임의 예]

潔(결)　契(계)　挈(계)　瘈(계)
맑은 물　맺을　새길/근심할　미칠

潔(결)　絜(혈/갈)　鍥(결)　忦(괄/개)
깨끗할　헤아릴 혈　새길　여유 없을 괄
　　　　홀로 갈　　　　걱정 없을 개

부수자 刀 (칼 도)의 4획　　別(별) 카드141

142.

彳

촉

彳

①오른발 자축거릴 촉
②자축거릴/앙감질 촉
③멈춰설 촉
④땅 이름 마:(韓國)

◆[쓰임의 예]

行(행)　荇(행)　洐(행)　烆(행)
갈/다닐　마름　도랑물 내려갈　횃불

부수자 二 (두/둘 이)의 1획　　別(별) 카드142

143.

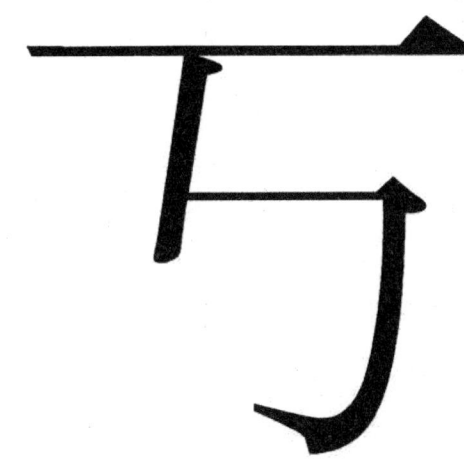

부수자 一 (하나 일)의 1획   別(별) 카드143

고 丂

① 숨 막힐 고
② 입김 나갈 고
③ 공교할 교(巧)의 古字
　古字(고자)=옛글자

◆ [쓰임의 예]
朽(후) 殥(후) 枵(효) 攷(고) 巧(교)
썩을/　썩을　비어있을 상고할 공교할
구린내

부수자 一 (하나 일)의 1획   別(별) 카드143

144.

부수자 八 (여덟 팔)의 2획   別(별) 카드144

혜 兮

① 어조사/말 멈출 혜
② 노래 후렴 혜

◆ [쓰임의 예]
肹(힐)　盻(혜)　䀜(혜)　栘(예)
소리울릴 흘겨보다 방구리　궁 이름/
　　　　　　　조그마한 동이　나무 이름

부수자 八 (여덟 팔)의 2획   別(별) 카드144

145.

亐
亏

부수자 二 (두/둘 이)의 1획 別(별) 카드145

우

亐 = 亏

① 본자 → 어조사 우(于)
② 갈(往)/말할/할 우
③ 있을/활짝넓을 우
④ 든든할/한탄할 우
⑤ 이(是)/~부터 우
※ 亐 = 于 = 亏

◆ [쓰임의 예]

汚(오) 朽=圬(오) 釫(화) 迃=迂(우)
더러울 흙손   양날 가래 멀다

부수자 二 (두/둘 이)의 1획 別(별) 카드145

146.

叉

부수자 又 (또 우)의 1획 別(별) 카드146

차

叉

① 깍지 낄/엇갈릴/가닥/갈래/가장귀/귀신 이름/찌르다/작살/창/손길 잡을/야차 차
② 비녀/두 갈래진 비녀 채

◆ [쓰임의 예]

扠(차) 杈(차) 汊(차) 衩(차) 訍(차)
집다 나뭇가지 물 갈래질 옷섶 딴말할

부수자 又 (또 우)의 1획 別(별) 카드146

147.

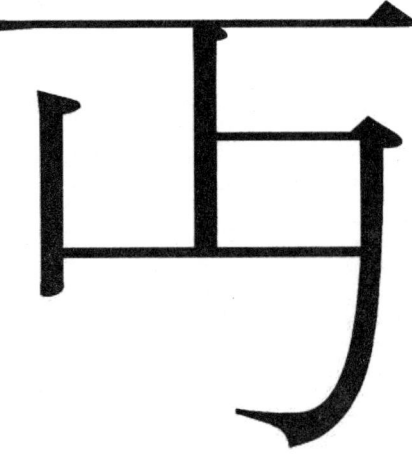

부수자 一(하나 일)의 3획　別(별) 카드147

면

丏

① 가릴/보이지않을 면
② 토담/살막이담 면
③ 뵈지 않을 면

◆ [쓰임의 예]
眄(면) 沔(면) 麪(면) 湎(면) 蠙(면)
애꾸눈 물흐를 밀가루 큰물 말매미

부수자 一(하나 일)의 3획　別(별) 카드147

148.

부수자 一(하나 일)의 3획　別(별) 카드148

갈/개

丐

① 거지(乞人)/주다(與) 갈
② 빌(乞)/걸인/거지 개
③ 비럭질/주다 개
④ 잡다/취하다 개

부수자 一(하나 일)의 3획　別(별) 카드148

149.

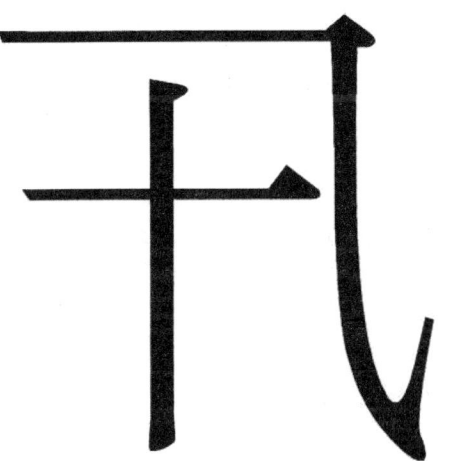

부수자 十 (열 십)의 1획　　別(별) 카드149

[신]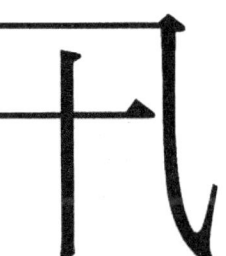

① 빠를(급할) 신
② 빨리 날을 신

[참고] 凡:둥글/알 환(丸)의 俗字속자
　　　丸이 本字(본자)이다.

◆[쓰임의 예]
迅(신) 汛(신) 籾(신) 阠(신) 訊(신)
빠를　물 뿌릴　녹말　언덕 이름　묻다

부수자 十 (열 십)의 1획　　別(별) 카드149

150.

부수자 氏 (성씨 씨)의 1획　　別(별) 카드150

[저]

① 근본/근원/대개(저)저
② 근심(번민)할/이를 저
③ 뿌리/먹귀신/천할 저
④ 머리숙일/집 저

◆[쓰임의 예]→舐도달할/이를/씨름 저
泜(지) 貾(지) 底(지) 祇(지) 低(지)
강 이름　조개　숫돌　공경할　머뭇거릴
低(저) 底(저) 抵(저) 邸(저) 舐(저/지)
낮을/숙일 밑/바닥 거스를/막을 큰 집 씨름저/칠지

부수자 氏 (성씨 씨)의 1획　　別(별) 카드150

151.

宁

[저] 宁

① 조회받는 곳 저
② 멈출/쌓을/저장할 저
③ 우두커니 서있을 저

◆ [쓰임의 예]
貯(저) 苧(저) 佇(저) 泞(저) 眝(저)
쌓을 모시 우두커니 맑을 바라볼

부수자 宀(집/움집 면)의 2획   別(별) 카드151

152.

业芈

[착] 业 = 芈

풀 무성할 착
풀 성할 착

◆ [쓰임의 예]
鑿(착)   補(보)
뚫다   수(놓다)

부수자 丨(꿰뚫을 곤)의 9획   別(별) 카드152

153.

廾 = 廾

부수자 八(여덟 팔)의 4획 別(별) 카드153

권

廾 ← 廾

① 움켜쥘/주먹/말 권
② 구부릴/밥뭉칠 권

※ 手 + 手 = 廾(←廾)

①한 사람씩 따로따로 각각 움켜 쥠. ②또는 힘이 들어 왼 손, 오른 손을 번갈아 굽혀지면서 까지 힘든 일을 함. ③또는 두 손으로 밥을 뭉침.

◆ [쓰임의 예] 勝(승)이길/뛰어날/낫다

睘(환) 豢(환) 券(권) 卷(권) 拳(권)
쇠뇌쏠 가축 기를 문서　쇠뇌 　주먹

부수자 八(여덟 팔)의 4획　　別(별) 카드153

154.

丵

부수자 艹(풀 초)의 8획　　別(별) 카드154

복/박

丵

번거로울 복/박

◆ [쓰임의 예]

僕(복) 墣(복) 幞=襆(복) 嗪(박)
종/마부 흙덩이 건/두건　　뿜는 소리

樸(박) 撲(박) 璞(박) 瞨(박)
통나무 칠/때릴 옥돌 눈 어두울

부수자 艹(풀 초)의 8획　　別(별) 카드154

155.

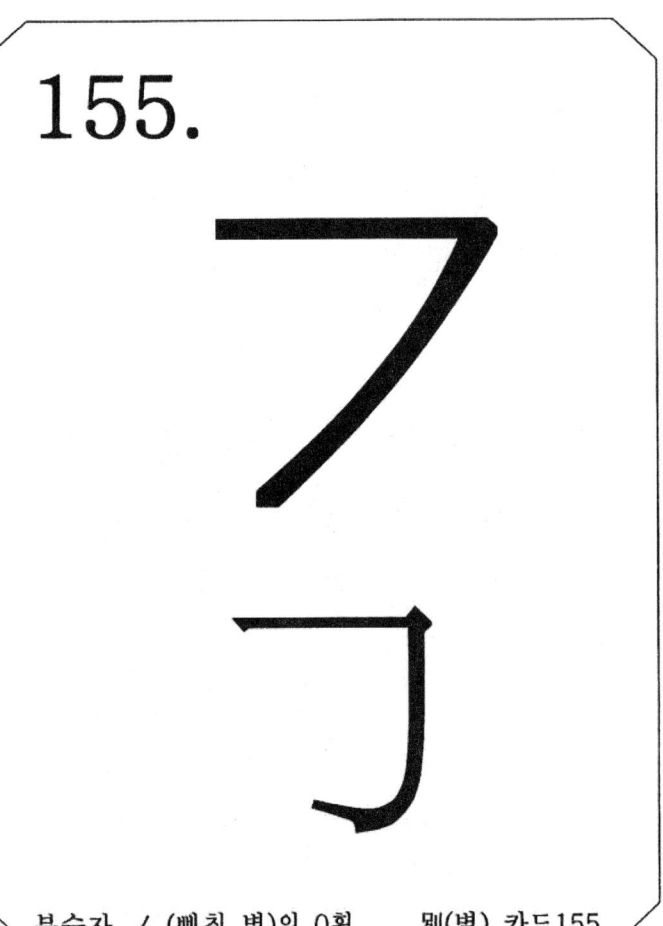

부수자 丿(삐칠 별)의 0획　　別(별) 카드155

이

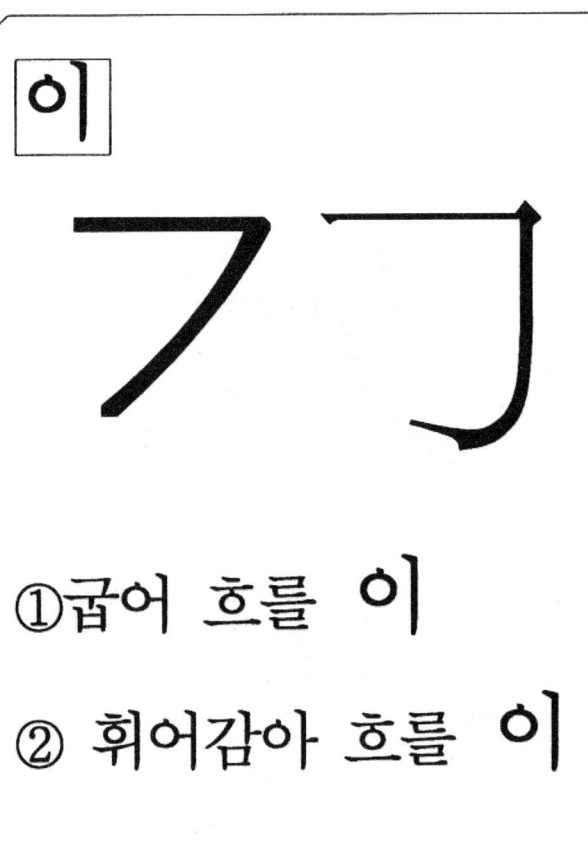

① 굽어 흐를 이
② 휘어감아 흐를 이

부수자 丿(삐칠 별)의 0획　　別(별) 카드155

156.

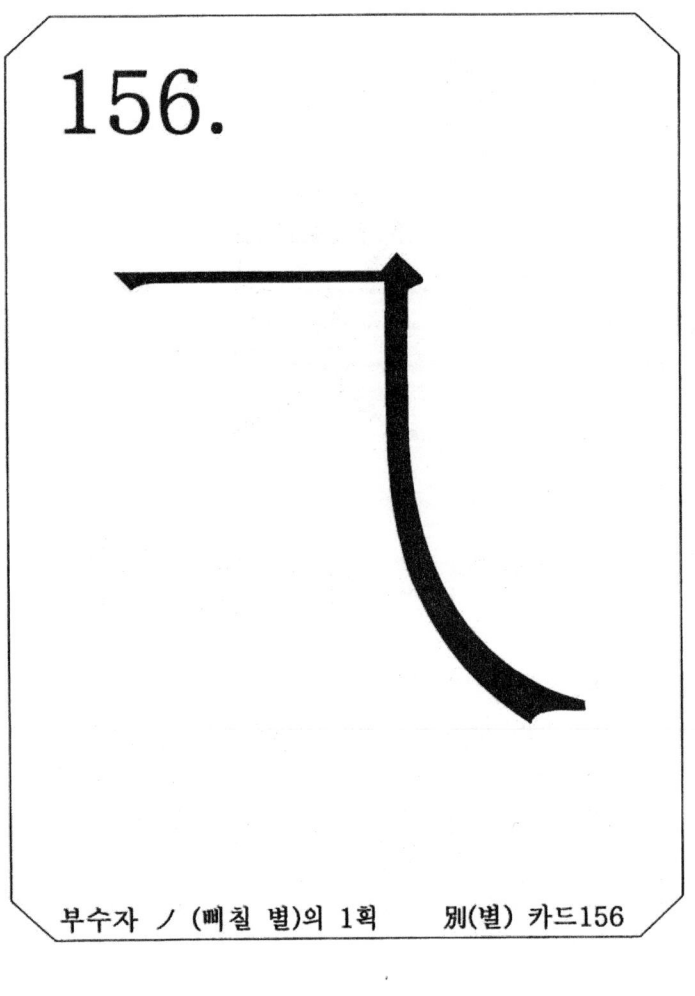

부수자 丿(삐칠 별)의 1획　　別(별) 카드156

이

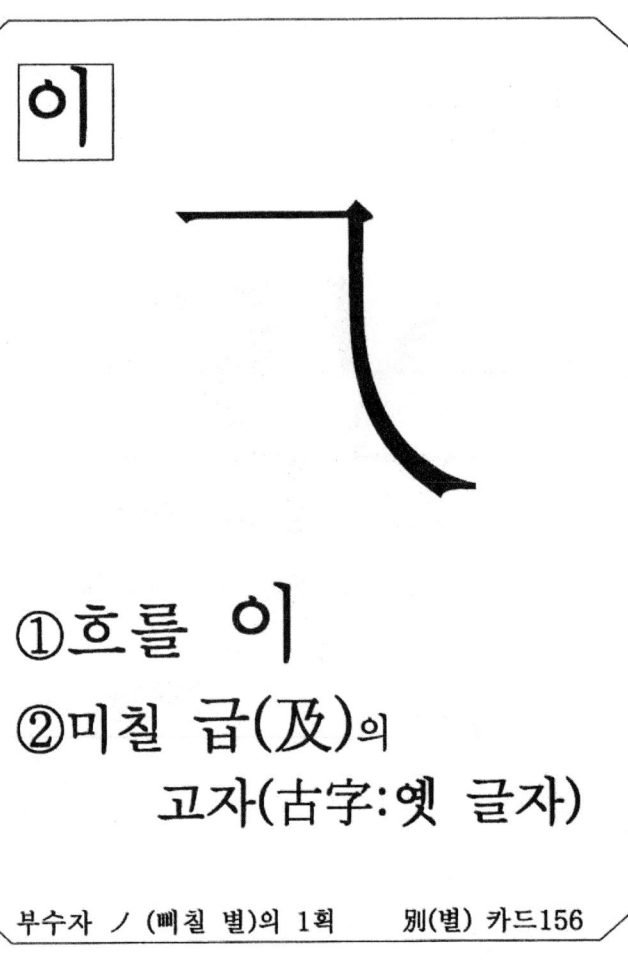

① 흐를 이
② 미칠 급(及)의
　　고자(古字:옛 글자)

부수자 丿(삐칠 별)의 1획　　別(별) 카드156

157.

부수자 丿 (삐칠 별)의 1획 別(별) 카드157

예

丿

①끌릴/끌 예
②밝을 예

부수자 丿 (삐칠 별)의 1획 別(별) 카드157

158.

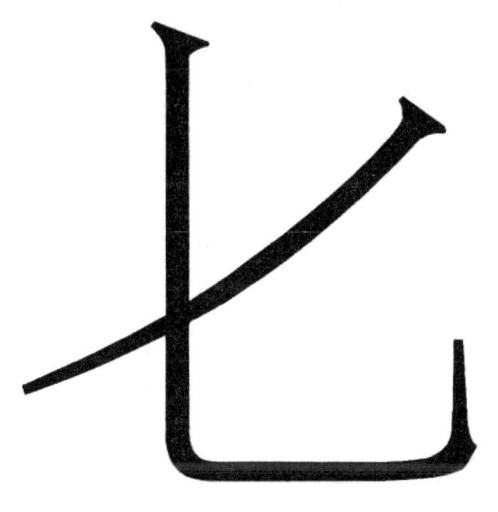

부수자 匕 (비수 비)의 0획 別(별) 카드158

화

匕

①化:[화할 화]의 옛글자
  →化의 고자(古字)
②죽을/거꾸러질/변
  하다/될 화

◆[쓰임의 예]
叱(질)꾸짖다/욕하다 질

부수자 匕 (비수 비)의 0획 別(별) 카드158

159.

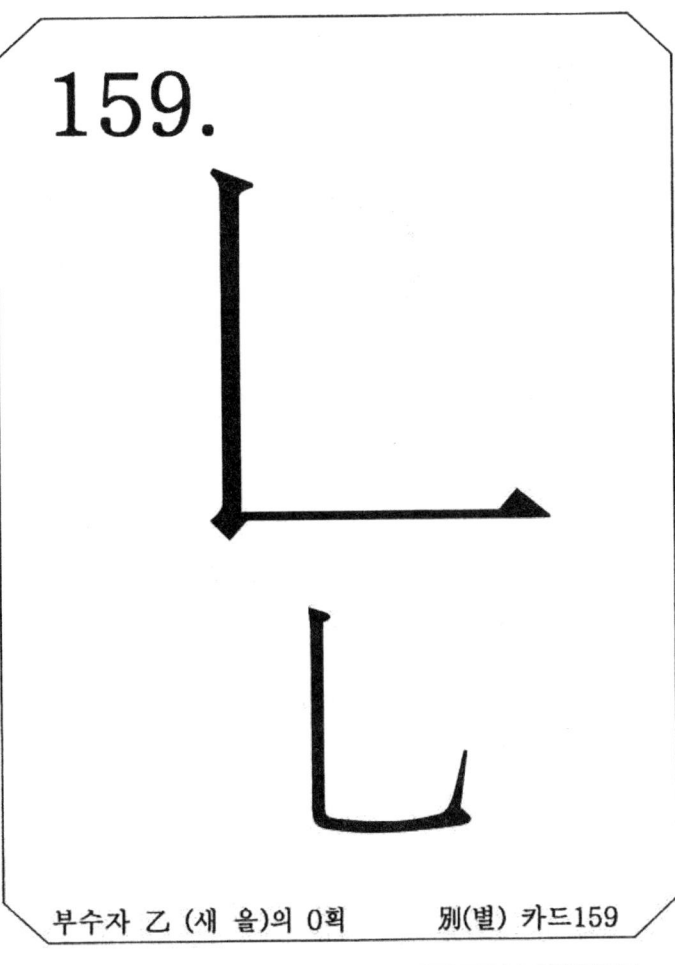

부수자 乙 (새 을)의 0획　別(별) 카드159

은

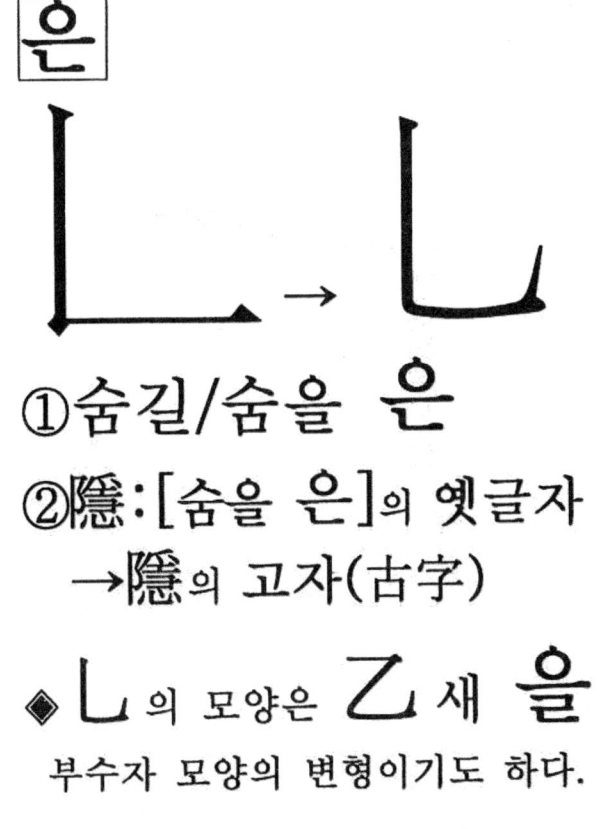

① 숨길/숨을 은
② 隱:[숨을 은]의 옛글자
　→隱의 고자(古字)

◆ ㄴ의 모양은 乙새 을
부수자 모양의 변형이기도 하다.

부수자 乙 (새 을)의 0획　別(별) 카드159

160.

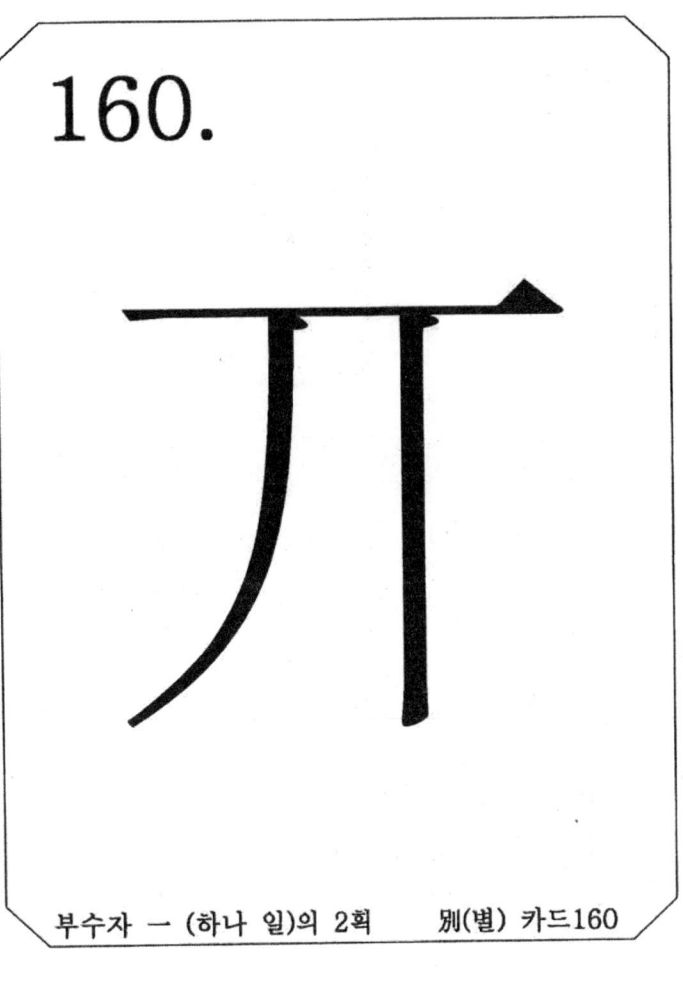

부수자 一 (하나 일)의 2획　別(별) 카드160

기

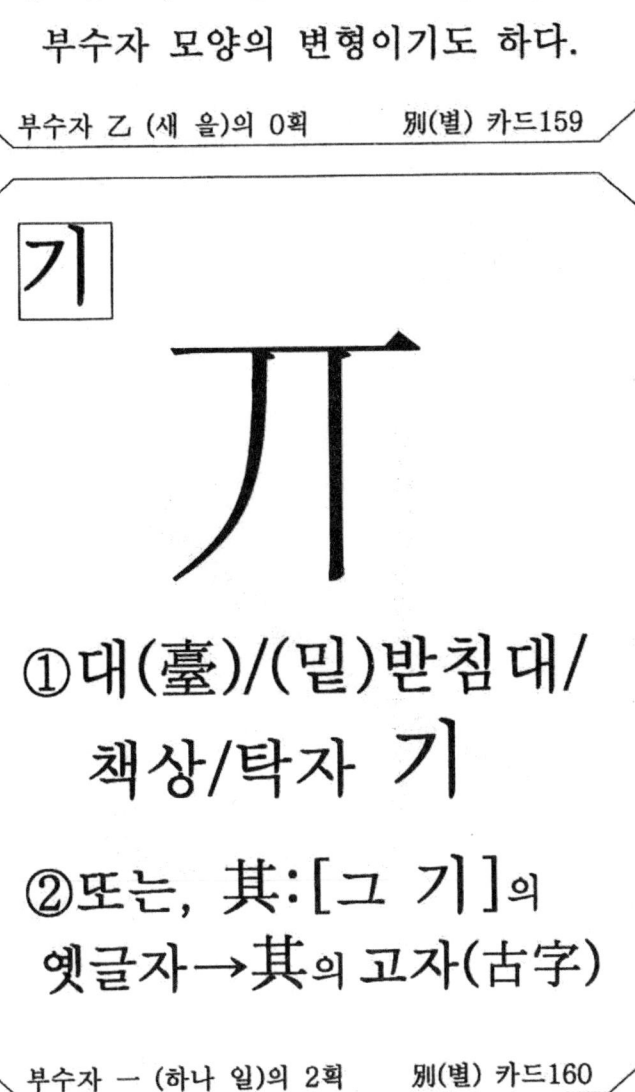

① 대(臺)/(밑)받침대/
책상/탁자 기
② 또는, 其:[그 기]의
옛글자→其의 고자(古字)

부수자 一 (하나 일)의 2획　別(별) 카드160

161.

① 입 둘레의 굽이 갹
② 웃는 모양 갹

※ 유사(비슷)한 글자에 주의.
'谷 골/골짜기 곡'과는 다른 글자이다.

◆ [쓰임의 예] ※ 谷(갹) + 刂(잖을극) = 卻
卻(갹/극) ① 절다(절뚝절뚝 걷는 모양) 갹
② 곤하다/피곤하다/지치다 극

부수자 谷 (골짜기 곡)의 0획 別(별) 카드161

162.

[冰 = 冫 = 氷 얼음 빙]의 빙

※ ◆ '빙'의 본래 글자이다.

부수자 人 (사람 인)의 2획 別(별) 카드162

163.

부수자 艸⁺⁺ (풀 초)의 4획   別(별) 카드163

| 운 | 芸 |

①김 맬/궁궁이/쑥갓 운
②향초·채소 이름 운
③초목이 조락하는 빛 운
④꽃 성할/단풍 들/촘촘할 운
⑤'藝①심을/②재주 예'의 略字
　(약자) 및 俗字(속자)로 쓰임.

부수자 艸⁺⁺ (풀 초)의 4획   別(별) 카드163

164.

부수자 土 (흙 토)의 5획   別(별) 카드164

| 륙 | 坴 |

①언덕/흙덩이/큰 흙덩
　이/벼락덩이 륙
②시원한·월나라 땅 륙

◆[쓰임의 예]

燊(섬)　陸(륙)　漉(륙)　踛(륙)
데칠/삶을　뭍/육지/언덕　엉긴 못　뛰다

부수자 土 (흙 토)의 5획   別(별) 카드164

165.

부수자 土 (흙 토)의 8획   別(별) 카드165

예

埶
심을 예

埶=九(버섯 록)+ 土(토)+ 丸(환)

※갑골문과 금문에서는 '사람이 몸을 구부려 (丸:둥글/알 환) 흙덩이(土)에 싸여진 어린 묘목을 심고 있는 모습을 본떠 나타낸 상형문자이다. 대체로 이 '글자'는 홀로 쓰여 지지를 않는다.

※'藝①심을 예'와 同字(동자)

◆[쓰임의 예]

熱더울 열→爇불사를 설:熱의 譌字(위자)

槸(예) 蓺(예) 褻(설) 䙝(설)
나무가 서로 심는다/ 버릇없이 더럽다
개개다/스치다 과녁을 맞히다 멋대로할

부수자 土 (흙 토)의 8획   別(별) 카드165

166.

부수자 田 (밭 전)의 3획   別(별) 카드166

비

畀

※田(←由말미암을 유)+ 丌(책상/대 기)
=畀(←畁옛 글자)

①주다/수여하다 비

②베풀어주는 물건 비

◆[쓰임의 예]

鼻(비) 渒(비) 箅(비/페) 痹(비)
코   강이름 덧바퀴비/가릴페 저리다

부수자 田 (밭 전)의 3획   別(별) 카드166

167.

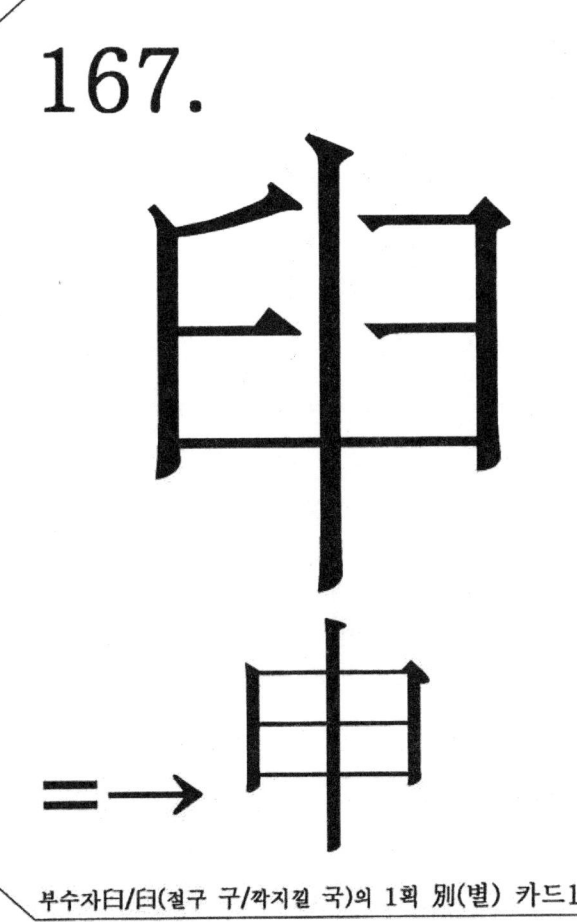

부수자 臼/𦥑(절구 구/깍지낄 국)의 1획　別(별) 카드167

신

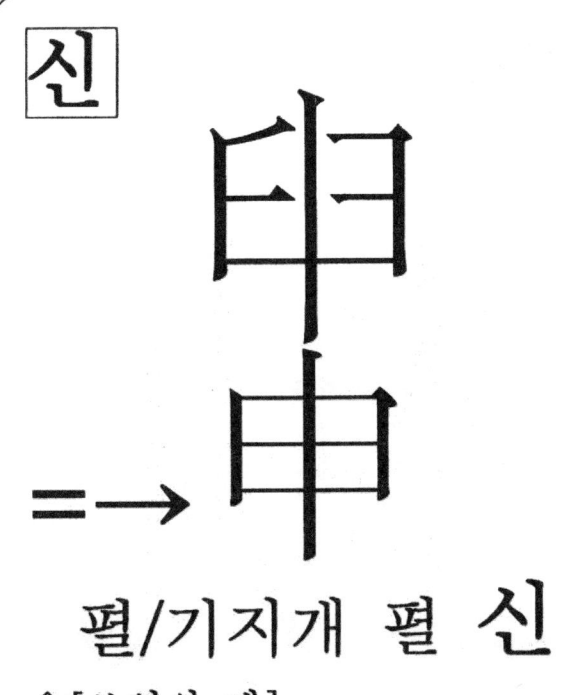

펼/기지개 펼 신

◆[쓰임의 예]
申아홉째지지/랍(납:원숭이) 신
神(신)　伸(신)　紳(신)　呻(신)
귀신　　펼　　큰띠　끙끙거릴

부수자 臼/𦥑(절구 구/깍지낄 국)의 1획　別(별) 카드167

168.

부수자 干 (방패 간)의 4획　　別(별) 카드168

삽

가래/꽂을/삽 삽

◆[쓰임의 예]
挿=插=插(삽) 歃(삽) 唼(삽) 腊(삽)
꽂을/가래　　　마실　말 많을　빗장

부수자 干 (방패 간)의 4획　　別(별) 카드168

169.

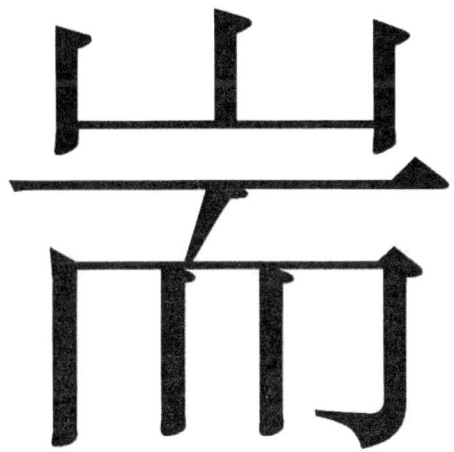

부수자 而(말 이을 이)의 3획　別(별) 카드169

| 단/천 |

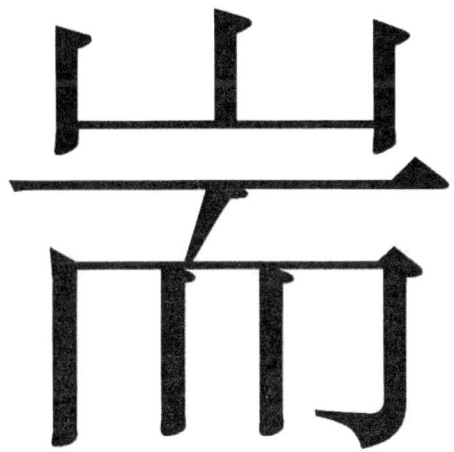

① 시초/처음/실마리 단
② 끝/머리/비로소 단
③ 구멍뚫을/구멍 천

◆ [쓰임의 예] → 端(단) 바를/옳다

湍(단)　偳(단)　剬(단)　猯(단)
여울/급류 적다/작다 판가름 오소리

媏(단)　煓(단)　圌(천)　膞(천)
여자 이름 불꽃 성할 둥근 대그릇 장딴지

부수자 而(말 이을 이)의 3획　別(별) 카드169

170.

부수자曰/臼(절구 구/깍지낄 국)의 2획 別(별)카드170

| 궤/유/용 |

 ※[참고] 虫→臾

① 삼태기 궤
② 잠깐/질그릇/약한
　활/착할/활이 뒤로
　젖혀질/만류할 유
③ 권할/꾈/종용할 용

◆ [쓰임의 예]
庾(유)　諛(유)　瘐(유)　腴(유)　萸(유)
곳집 아첨할 근심하여 앓을 아랫배 살찔 풀 이름

부수자曰/臼(절구 구/깍지낄 국)의 2획 別(별)카드170

171.

叟

부수자 又 (또 우)의 8획 別(별) 카드171

수

叟

① 늙은이/어른 수
② 쌀 씻는 소리 수

傁(수)와 同字(동자)
<又의 7획>

◆ [쓰임의 예]

搜(수) 瘦(수) 嫂=㛮(수) 溲(수)
찾을　파리할　형수　　　반죽할

부수자 又 (또 우)의 8획 別(별) 카드171

172.

舄

舄=舃

부수자曰/臼(절구 구/깍지낄 국)의 6획 別(별) 카드172

석·작·탁 (舄=舃)

舄=舃

① 신/까치/큰 모양/아람찰
／개펄/간석지/주춧돌 석
② 까치/성(姓)씨 작
③ 아람차다/큰 모양 탁

※ 까치 모양을 본떠 나타낸 글자. 또는 앞쪽
엔 아름다운 장식이 달려 있고 2중바닥으로
된 고급 신발 모양을 본뜬 글자라고도 한다.

◆ [쓰임의 예]

潟(석) 舃(석) 寫(사) 瀉(사)
개펄　질경이　베낄　쏟을

부수자曰/臼(절구 구/깍지낄 국)의 6획 別(별) 카드172

173.

부수자 寸 (손/규칙 촌)의 5획　別(별) 카드173

애/득

① 그칠/거리낄 애
② 막을/해롭게 할 애
③ 한정할/막힐 애
◆④ 취할/얻을 득

◆[쓰임의 예]
碍(애) 得(득) 嘚(득) 淂(득) 鍀(득)
거리낄　얻을　지껄일　물모양　테크네튬

부수자 寸 (손/규칙 촌)의 5획　別(별) 카드173

174.

부수자 肉/月 (고기 육)의 2획　別(별) 카드174

원

① 움직일/빌(空=빈) 원
② 작은벌레/우물벌레 원

◆[쓰임의 예]
娟=姢(연):예쁠 연

※또는 '肻'의 한자가 다른 부수자와 결합 되어 쓰여질 때에 '月'의 한자와 같은 모양의 글자로 혼용되어 쓰여지고 있어, 이 때에는 '肻'은 '月'과 같은 의미로 쓰임에 유의한다.

부수자 肉/月 (고기 육)의 2획　別(별) 카드174

175.

부수자 肉/月 (고기 육)의 3획　別(별) 카드175

연/현

肙

① 장구벌레/요동할 **연**
② 작은 벌레/애벌레 **연**
③ 굽힐/빌(빈)/공허할 **연**
'연'을→'현'이라고도 읽음

◆[쓰임의 예]

捐(연)　涓(연)　娟(연)　悁(연)
버릴 연　시내 연　예쁠 연　성낼 연

※ '肙'을 '肎'으로 바꾸어 쓰여지기도 한다.

부수자 肉/月 (고기 육)의 3획　別(별) 카드175

176.

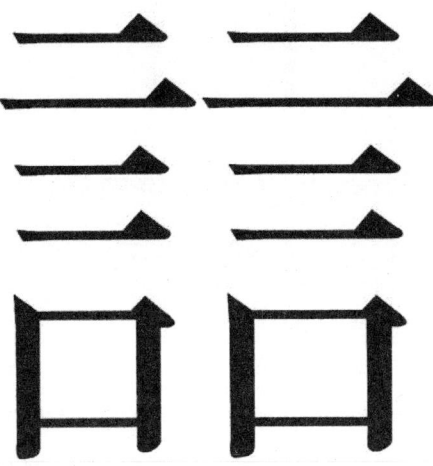

부수자 言 (말씀 언)의 7획　別(별) 카드176

경

誩

다투어 말할 **경**

※ 또, 같은 뜻의 '탐/강/담'의
音(음)으로도 쓰인다.

◆[쓰임의 예]→譶(변)말잘할 변

譱=善(선)　詯=誻(답/칩)　讟(독)
착할다　　재재거릴 답　원망할
善(선)의 본자　줄곧 지껄일 칩

부수자 言 (말씀 언)의 7획　別(별) 카드176

177.

侁

부수자 儿(걷는사람 인)의 10획 別(별) 카드177

신

侁

① 나아갈 신
② 총총 들어설 신
③ 많은 모양 신

부수자 儿(걷는사람 인)의 10획 別(별) 카드177

178.

兕

부수자 儿(걷는사람 인)의 8획 別(별) 카드178

곤

兕

① 맏/형/언니 곤
② 곤(昆)也 곤

◆ 昆과 同字(동자)

부수자 儿(걷는사람 인)의 8획 別(별) 카드178

179.

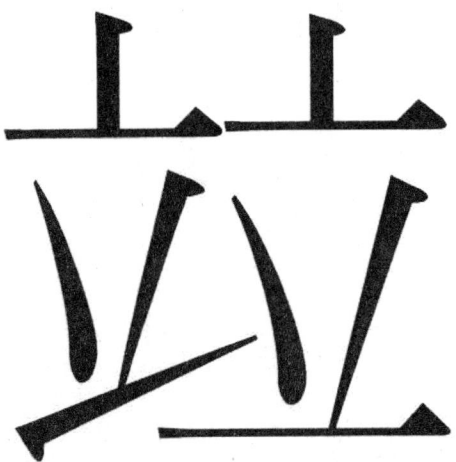

부수자 立(세울/머무를 립)의 5획 並(병) 카드179

병/방

竝

① 나란히할/견줄 **병**
② 아우를/다/함께 **병**
◆③ 가까울/연할 **방**

부수자 立(세울/머무를 립)의 5획 並(병) 카드179

180.

부수자 目 (눈 목)의 4획　　別(별) 카드180

현

県

① 머리 거꾸로 매어 달 **현**
② 달/맬/매달 **현**
③ 떨어질 **현**
③ 縣(달/맬/매달/떨어질 **현**)의 略字(약자)

부수자 目 (눈 목)의 4획　　別(별) 카드180

181.

부수자 口 (입 구)의 10획   別(별) 카드181

소(조)

喿

① 새 떼지어 울 소(조)
② 울/떠들썩할 소(조)

※ '소'를 '조'라고 하기도 한다.

◆ [쓰임의 예]

操(조)　燥(조)　躁(조)　髞(조)
잡을　　마를　　성급할　머리떠

부수자 口 (입 구)의 10획   別(별) 카드181

182.

부수자 口 (입 구)의 4획   別(별) 카드182

보/모/매

呆

① 보전할/지킬 보
② 아무개 모
③ 멍청이/천치/어리
석을/미련하다 매

◆ [쓰임의 예]

保(보)　褓(보)　堡(보)　葆(보)　梁(보)
지킬　포대기　작은 성　보　들보/대들보

부수자 口 (입 구)의 4획   別(별) 카드182

183.

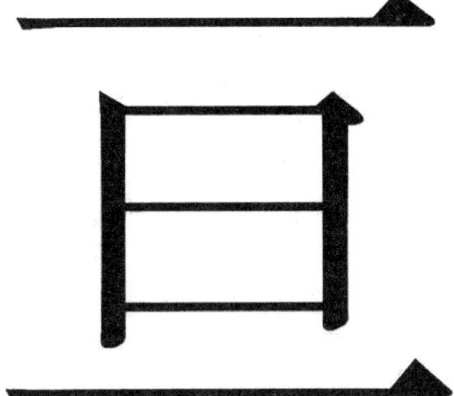

부수자 二 (두/둘 이)의 4획　別(별) 카드183

선/환 궁

亘

① 널리펴다/구하다/베풀/돌/펼/찾다 선
② 굳셀/씩씩할 환
③ 걸칠/뻗칠/극하다 궁

※ [亙→亘의 본래 글자]
→ [亙 걸칠/극진할/펼/찾을 궁]

◆ [쓰임의 예]: 恒=恆(뻗칠궁/항상항)
晅(훤) 愃(선/훤)　宣(선) 桓(환)
태양의 기운 쾌할선/너그러울훤 베풀　굳셀/푯말
말리다(건조)

부수자 二 (두/둘 이)의 4획　別(별) 카드183

184.

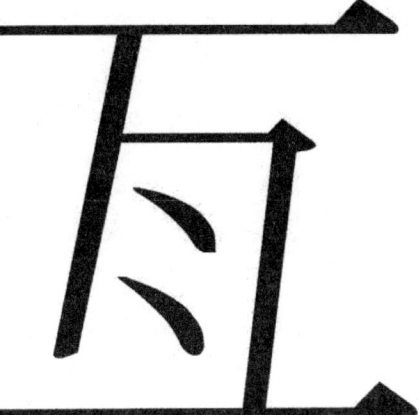

부수자 二 (두/둘 이)의 4획　別(별) 카드184

궁

亙

① 뻗칠/뻗을/통할 궁
② 극진할/마침 궁

◆ [쓰임의 예]
絚(긍) 恆=恒(긍/항) 鮔(긍) 堩(긍)
밧줄　뻗칠 궁/항상 항　상어/다랑어 길/도로

부수자 二 (두/둘 이)의 4획　別(별) 카드184

185.

부수자 冖(덮을 멱)의 2획　別(별) 카드185

유/음/임

冘

①머뭇거릴/갈/주저하다/망상거릴 유
②다닐/게으르다/걷다 음
③게으를/걷다/나아갈 임

◆[쓰임의 예]
沈(침) 忱(침) 抌(침) 枕(담) 眈(탐)
가라앉을 정성　때릴　이불깃　노려볼

부수자 冖(덮을 멱)의 2획　別(별) 카드185

186.

曳→本字(본자)
曳→俗字(속자)

부수자 曰(가로되/말하기를 왈)의 2획 別(별) 카드186

예

曳 曳 本字(본자)

①끌다/끌리다/당길 예
②피곤할/고달플 예
③길게 뻗쳐 끌 예

◆[쓰임의 예] 曳(예)→俗字(속자)
枻(예/설)노/키 예/도지개 설
※도지개=뒤틀린 활을 바로잡는 틀.
拽(예) 洩(설/예) 詍=呭=嗶(예/세)
질질끌다 비밀이 샐/넘칠　수다스러울
　　　　/물이 샐 설　　嘽=嗶(예/세)
　　나는 모양 예　　　수다스러울

부수자 曰(가로되/말하기를 왈)의 2획 別(별) 카드186

187.

弜

부수자 弓 (활 궁)의 2획　別(별) 카드187

규

弜

① 깃털 엉켜질 규
② 얽혀 휠 규

◆ [비슷한 글자에 유의]
※ (참고) 弜 책권(卷) 규
　　　　 弓 말을(卷) 권

◆ [쓰임의 예]
弱(약) 약할/약한 자/약해질/쇠해질 약

부수자 弓 (활 궁)의 2획　別(별) 카드187

188.

弓

부수자 弓 (활 궁)의 2획　別(별) 카드188

규

弓

책권(卷) 규

부수자 弓 (활 궁)의 2획　別(별) 카드188

189.

弓

부수자 弓 (활 궁)의 1획　　別(별) 카드189

|권|

弓

말을(卷)/말 권

(둘둘 만다는 뜻)

부수자 弓 (활 궁)의 1획　　別(별) 카드189

190.

朩

부수자 木 (나무 목)의 0획　　別(별) 카드190

|발/패|

朩

①수목(초목)무성할 발/패
②수목 우거질 발/패
③초목 무성할 발/패

부수자 木 (나무 목)의 0획　　別(별) 카드190

191.

부수자 一 (하나 일)의 5획　別(별) 카드191

주

丟 = 丟

① 떠나다/버리다 주
② 가다/던져버리다 주
③ 잃다/잃어버리다 주
④ 아주 가다 주

※俗字(속자)→丟 : 失 잃을 실也

부수자 一 (하나 일)의 5획　別(별) 카드191

192.

부수자 矛 (창 모)의 7획　別(별) 카드192

율/힐/휼

矞

① 송곳질/송곳으로 구멍뚫다/놀라서허둥지둥할 율
② 넘치다/꽃구름/색채가 있는 상서로운 구름 율
③ 날다/놀라다 힐
④ 속이다/궤휼하다 휼

◆[쓰임의 예]

橘(귤) 矞(율) 繘(율) 潏(휼) 譎(휼)
귤나무 위태하다 두레박줄 샘솟다 속이다

부수자 矛 (창 모)의 7획　別(별) 카드192

193.

부수자 犬 (개 견)의 7획　　別(별) 카드193

은 猣

① 개 으르렁거릴 은
② 개 짖는 소리 은
③ 개 싸우는 소리 은

부수자 犬 (개 견)의 7획　　別(별) 카드193

194.

부수자 匚 (감출 혜)의 5획　　別(별) 카드194

예 医

활집/동개 예

※ 동개=등에 맨 가죽주머니 화살통.
※ 医→'醫의원 의'의 俗字(속자)

◆ [쓰임의 예]

殹(예)　瘱(애)　醫(의)　嫛(예)　瑿(예)
소리　앓는소리　의원　유순할/　검은옥
마주칠　　　　　　　갓난아이

瞖(예)　瑿(예)　繄(예)　翳(예)
눈에 백태 낄　아름답고 검은 돌　검푸른 비단　일산

부수자 匚 (감출 혜)의 5획　　別(별) 카드194

195.

부수자 殳(칠/몽둥이 수)의 7획 別(별) 카드195

예

殹

① 소리 마주칠 예
② 어조사/장막 예

◆ [쓰임의 예]

瘱(애) 醫=毉(의) 嫛(예) 瑿(예)
앓는소리 의원   유순할/갓난아이 검은옥

瞖(예) 磬(예) 繄(예) 翳(예)
눈에 백태 낄 아름답고 검은 돌 검푸른 비단 일산

부수자 殳(날없는 창 수)의 7획 別(별) 카드195

196.

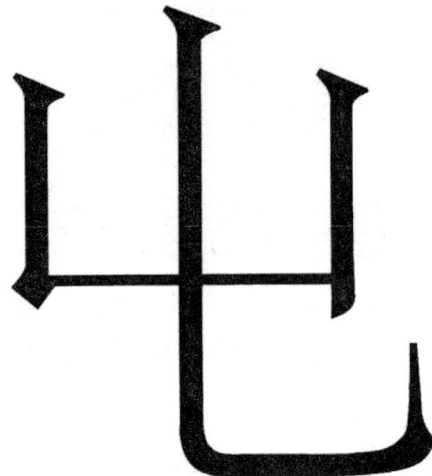

부수 屮(屮)(왼손 좌/싹날 철)의 0획 別(별) 카드196

궐

움직이는 모양 궐

◆ [쓰임의 예]

屯(둔) 芚(둔) 吨(둔) 窀(둔)
진칠 채소 이름 어리석다 무덤구덩이

부수 屮(屮)(왼손 좌/싹날 철)의 0획 別(별) 카드196

197.

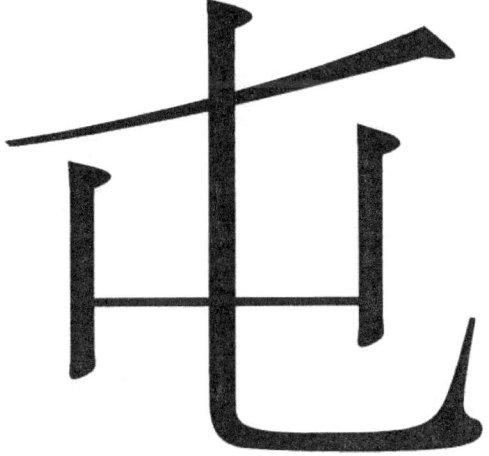

부수자 屮 (왼손 좌)의 1획   別(별) 카드 197

둔 준/돈

屯

① 진칠/모일/머물 둔
② 어려울/두터울/머뭇거릴/괘이름/인색할 준
③ 성(姓)씨 둔/돈

◆ [쓰임의 예]
鈍(둔) 芚(둔) 吨(둔) 坉(둔) 迍(둔)
무딜   채소 이름 어리석을 막히다 머뭇거릴

부수자 屮 (왼손 좌)의 1획   別(별) 카드 197

198.

부수자 士 (선비 사)의 5획   別(별) 카드 198

각

売

껍질 각

껍질 殻(각)의 略字(약자)

◆ [쓰임의 예]
殻(각) 껍질/씨/내리치다 각. 愨(각)ᄀ
慤(각) 삼갈/성실할/바르다/정성/순박할 각
※ 愨(각):俗字(속자), 慤(각):正字(정자)

부수자 士 (선비 사)의 5획   別(별) 카드 198

199.

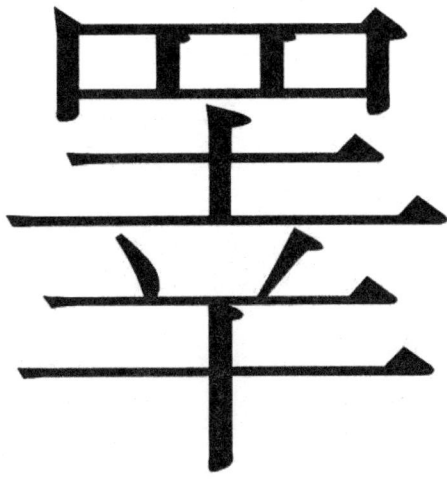

부수자 見(볼 견)의 8획 　別(별)카드199

| 역 | 택/투(두) |

睪

① 엿볼/기뻐할/기찰할/죄인 잡을/당길/즐거울 역
② 못 택
③ 패할/무너질 투/두

◆ [쓰임의 예]

驛(역) 譯(역) 繹(역) 澤(택) 擇(택)
역참　통변할 풀어낼　못　　가릴
　　　통역할　　　　　　　고르다

부수자 見(볼 견)의 8획 　別(별)카드199

200.

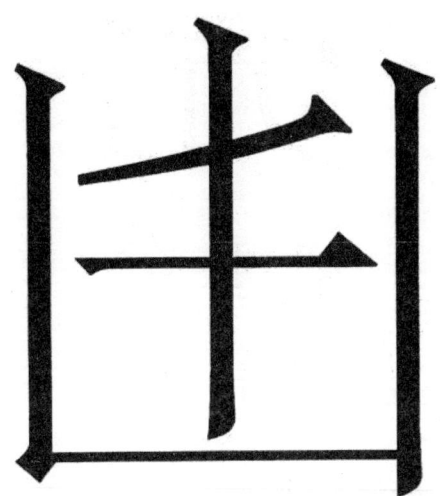

부수자 凵(입벌릴 감)의 3획 　別(별)카드200

| 치/재 |

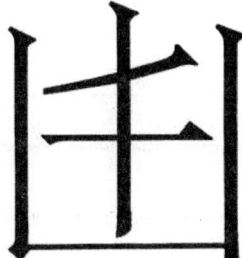

① 한 해 된 밭/대그릇/용수 치
② 재앙 재

부수자 凵(입벌릴 감)의 3획 　別(별)카드200

201.

부수 丿(삐칠 별/목숨 끊을 요)의 10획 別(별) 카드201

수

㲾 = 垂

드리울 수(垂) 古字(고자)

※ [참고] 垂 → 부수자 土 (흙 토)의 5획

드리울/베풀/변방/내릴 수

◆ [쓰임의 예]

倕(수)　屖(수)　㜘(수)　陲(수)
무거울　산꼭대기　일 서로 부탁할　위태할

부수 丿(삐칠 별/목숨 끊을 요)의 10획 別(별) 카드201

202.

부수자 十 (열 십)의 9획　別(별) 카드202

괴

𠦍 = 乖

어그러질 괴(乖) 古字(고자)

① 어그러질/교활하다 괴
② 다를/배반할 괴

※ [참고] 乖 → 부수자 丿 (삐칠 별)의 7획

◆ [쓰임의 예]

乘(승)　嵊(승)　溗(승)　騬(승)
타다/　산 이름　물 흐르　불알 깔
오르다　고을 이름　지 않을　말 거세할

부수자 十 (열 십)의 9획　別(별) 카드202

203.

凵

부수자 凵 (입 벌릴 감)의 0획   別(별) 카드203

거

凵

①버들 도시락 거
②밥그릇 거

부수자 凵 (입 벌릴 감)의 0획   別(별) 카드203

204.

兜

부수자 儿 (걷는사람 인)의 4획 別(별) 카드204

고

兜

가릴 고

부수자 儿 (걷는사람 인)의 4획 別(별) 카드204

205.

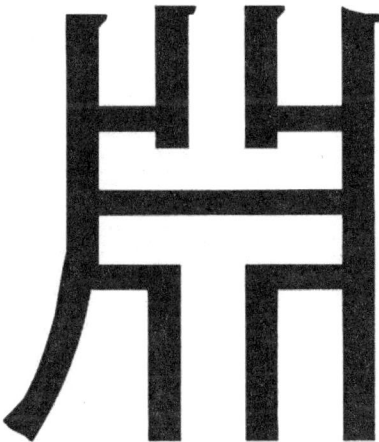

① 도는 물 연
② 淵(못/소 연)의
  古字(고자)-옛글자

◆ [쓰임의 예]
淵(연) 柵(연) 鼘(연) 蜎(연)
못   나무굽을 북소리   장구벌레

부수자 片(조각/조각널 편)의 5획 別(별) 카드205

206.

기쁠/웃음 소

['笑 기쁠/웃음 소'의 옛글자]

◆ [쓰임의 예]
眹(진) 눈동자/조짐/점괘 진
送(송) 보낼 송
唉(소) 웃을/웃음/꽃필 소

부수자 八(여덟 팔)의 4획 別(별) 카드206

207.

崔

부수자 隹 (새 추)의 2획   別(별) 카드207

혹·각·학

崔

①높이 올라갈(오를) 혹
②마음(뜻)이 높을/고상할 각
③새 높이 날/두루미 학
④鶴(학)의 俗字(속자)

※ ⼍(덮을 멱:하늘을 뜻함) + 隹(새 추) = 崔
공중(⼍)을 나는 새(隹)가 하늘 높이 하늘(⼍)을 뚫고 나갈 만큼 높이 하늘(⼍)을 난다는 뜻을 나타낸 '글자'이다.

◆ [쓰임의 예] : 確(확)확실할/강할/군을.
推(각)   權(각)   鶴(학)   箮(착)
칠/때릴 외나무다리 학/두루미 고기잡는 발

부수자 隹 (새 추)의 2획   別(별) 카드207

208.

朕
朕

부수자 月(달 월:月=舟)의 6획   別(별) 카드208

짐

朕 = 朕

①나(我) 짐
(임금(王)이 신하에게 말할 때 임금 자신을 가리켜 '짐(朕)'이라고 한다.)

②틈 짐, 조짐 짐
(배(月=舟)에 틈새가 벌어져 배에 물이 들어오는 조짐이 생김을 말함.)

※ 月(←舟 배 주) + 关(구부릴/밥뭉칠 권)
= 朕(↔朕)

부수자 月(달 월:月=舟)의 6획   別(별) 카드208

209.

부수자 又 (또 우) 의 7획　　別(별) 카드209

가

叚

① 임시/빌릴/허물 가
② 성(姓)씨 하

◆ [쓰임의 예]
暇(가) 假(가) 蝦(가) 葭(가) 徦(가)
겨를/틈 거짓　고울　갈대　이르다
遐(하) 蝦(하) 鰕(하) 霞(하) 瑕(하)
멀다　새우/두꺼비 새우 노을/안개 티/옥에 티

부수자 又 (또 우) 의 7획　　別(별) 카드209

210.

부수자 木 (나무 목) 의 5획　　別(별) 카드210

간

① 분별할/가리다 간
② 분간하다/편지 간
③ 적을(少也) 간

◆ [쓰임의 예]
揀(간) 諫(간) 癇(간) 鶾(간)
구별할　간할　간질　티티새

부수자 木 (나무 목) 의 5획　　別(별) 카드210

211.

항

거리/골목 **항**

부수자 邑(阝)(고을 읍)의 3획   別(별) 카드211

212.

경

①경쇠/경돌 치는 소리/대적할 **경**
②소리 '성(聲)'의 옛글자

◆[쓰임의 예]馨(형)향기 형

磬(경)	漀(경)	罄(경)	謦(경)
경쇠/허리굽혀 절하다	그릇에 물따를	공허하다 비다	기침 속삭이다

부수자 殳(날없는 창 수)의 7획 別(별) 카드212

213.

부수자 目 (눈 목) 의 8획　　別(별) 카드213

경

罛 罭
① 놀라서 보다 경
　눈 휘둥그럴 경
　외롭다/근심하다 경
　※ 同字(동자) → 罭
② 돌아올 선 (罛=罭)

◆ [쓰임의 예] → 嘽(연) 몹시 달다
張(횡) 環(환) 還(환) 擐(환) 圜(환)
화살소리 고리　돌아올　입을　둥글다

부수자 目 (눈 목) 의 8획　　別(별) 카드213

214.

부수자 衣 (옷 의) 의 10획　　別(별) 카드214

회

褱
① 눈물 흘리다/품을 회
② 낄(挾也)/꾸러미/돌아
　올/따를/자루/전대 회
③ 懷(회)의 古字(고자)

◆ [쓰임의 예]
懷(회) 檍(회) 壞(괴) 瓌(괴) 瀤(외)
품을　향나무 무너질 구슬이름 물 평평
　　　홰나무　　　　　　　　　하지 않을

부수자 衣 (옷 의) 의 10획　　別(별) 카드214

215.

夸

부수자 大 (큰 대)의 3획   別(별) 카드215

과/후

夸

①큰 체하다/과장하다/자랑하다/사치하다/뻗다/퍼지다/걸치다 과
②부드러울/아첨하다 과
③사치하다/미모(美貌) 후

◆[쓰임의 예]
摦(화) 晇(과) 跨(과) 誇(과) 垮(과)
넓을 해뜰 타 넘을 자랑/자만 무너질
楇납작하고 클 화, 袴①바지 고/②샅(사타구니) 과
瓠 표주박/오지병/질그릇/깨진병 호

부수자 大 (큰 대)의 3획   別(별) 카드215

216.

敫

부수자 攵(攴똑똑두드릴 복)의 9획 別(별) 카드216

①약②교③격

敫

①(해)그림자 지나갈 약
②노래하다/치다/두드리다 교
③공경할(敬) 격

◆[쓰임의 예] → 檄(격)격문/편지
激(격) 獥(격) 繳(격) 薂(격) 皦(교)
물결 부딪 이리새끼 주살의 줄 연밥 밝을
쳐 흐를

부수자 攵(攴똑똑두드릴 복)의 9획 別(별) 카드216

217.

부수자 目 (눈 목)의 13획   別(별) 카드217

| 구 |

瞿

노려볼/놀라서 바라볼/의심하여 사방을 살필/마음에 놀라운 모양/검소할/둘러볼/가슴두근거릴/검소할/달리는 모양 구

◆[쓰임의 예]
衢(구) 懼(구) 戳(구) 朧(구) 欋(구)
네거리 두려워할 창   여위다 쇠스랑

부수자 目 (눈 목)의 13획   別(별) 카드217

218.

부수자 土(흙 토)의 3획   別(별) 카드218

| 규 |

圭

①홀[=서옥瑞玉: 위가 둥글고 아래가 네모진 옥으로 만든 홀] 규
②모/모서리/용량의 단위/저울 눈 규
③정결할/쌍토() 규

◆[쓰임의 예]
奎(규) 珪(규) 硅(규) 刲(규) 茥(규)
별 이름 홀   규소 찌를 딸기

부수자 土(흙 토)의 3획   別(별) 카드218

219.

부수자 襾 (덮을 아)의 6획   覃(담) 카드219

담

覃

① 미치다/퍼지다 담
② 골고루 미치다/번다 담
③ 한정된 곳에 이르다 담

◆ [쓰임의 예]

潭(담) 譚(담) 嘾(담) 樫(담) 醰(담)
깊을 이야기 가득 삼킬 처마 술맛 좋을

부수자 襾 (덮을 아)의 6획   覃(담) 카드219

220.

부수자 口 (입 구)의 2획   另(별) 카드220

별/패

另

나눌 별/달리할 패

◆ [쓰임의 예]
別(별) 나누다/헤어질/갈라질   별
莂(별) 모종낼/씨뿌리기   별

부수자 口 (입 구)의 2획   另(별) 카드220

221.

부수자 口 (입 구)의 2획   別(별) 카드221

령

另

①나눌/나누어 살 령
②다를/쪼갤 령.

부수자 口 (입 구)의 2획   別(별) 카드221

222.

부수자 口 (입 구)의 2획   別(별) 카드222

과

呙

가를/(뼈)살 바를 과

◆ 咼와 同字(동자)

부수자 口 (입 구)의 2획   別(별) 카드222

223.

巩

부수자 工 (장인/공교할 공)의 3획　別(별) 카드223

공

巩

안을 공

부수자 工 (장인/공교할 공)의 3획　別(별) 카드223

224.

尞

부수자 小 (작을 소)의 9획　別(별) 카드224

료/요

尞

① 화톳불/불놓을 료/요
② 천제(天際)지낼 료/요
③ 횃불/밝을/비칠 료/요
④ 불놓고 땔 료/요

◆ [쓰임의 예]

療(료)　僚(료)　遼(료)　瞭(료)
병 고칠　동료/벼슬아치　멀다　밝을/아득할
료/요　　료/요　　　료/요　　료/요

부수자 小 (작을 소)의 9획　別(별) 카드224

225.

甚

| 심 |

甚

① 심하다/성하다 심
② 두텁다/중후할 심
③ 매우/더욱더/깊을 심
④ 더욱 안락할/무엇 심

◆ [쓰임의 예]

堪(감) 勘(감) 戡(감) 斟(짐) 湛(담/잠)
견딜/   헤아릴/ 치다/   짐작   즐길/빠질 담
뛰어날   조사할   이기다   하다   가득히찰 잠

부수자 甘 (달다 감)의 4획   別(별) 카드225

226.

㒸遂

| 수 |

㒸遂

드디어/이룰 수

짐승 잡을 수

[㒸와 遂은 同字(동자)]

부수자 八(여덟 팔)의 7획   別(별) 카드226

227.

부수자 口(입 구)의 6획　　別(별) 카드227

악

咢

①깜짝놀라다/칼날 악
②곧은(직언) 말하다 악
③관(冠) 높고, 위엄이
　있을 악

◆[쓰임의 예]
顎(악)　愕(악)　鍔(악)　鱷(악)
얼굴 높을　놀라다　칼날　악어

부수자 口(입 구)의 6획　　別(별) 카드227

228.

부수자 口(입 구)의 2획　　別(별) 카드228

연

①산속의 늪 연
②연주 연

◆[쓰임의 예]
沿(연)　鉛(연)　昖(연)　渷(연)
따를　납/분/백분　해돋다　물 이름

부수자 口(입 구)의 2획　　別(별) 카드228

229.

부수자 女 (계집 녀)의 4획　別(별) 카드229

| 안 |

晏

편안할 안

◆ [쓰임의 예]
晏(안)　駺(안)　鷃(안)
늦을　꼬리 밑동이 흰 말　세가락 메추라기

부수자 女 (계집 녀)의 4획　別(별) 카드229

230.

부수자 臼 (절구/확 구)의 4획　別(별) 카드230

| 요 |

① 퍼내다/술을 치다 요
② 확(절구통)에서 긁어내다 요

◆ [쓰임의 예]
　稻(도)　滔(도)　蹈(도)　韜(도)
　 벼　 물넘칠　 밟을　 감출
　婟(도)　幍(도)　慆(도)　焰(도)
　여자이름　모자　기뻐할　불꽃

부수자 臼 (절구/확 구)의 4획　別(별) 카드230

231.

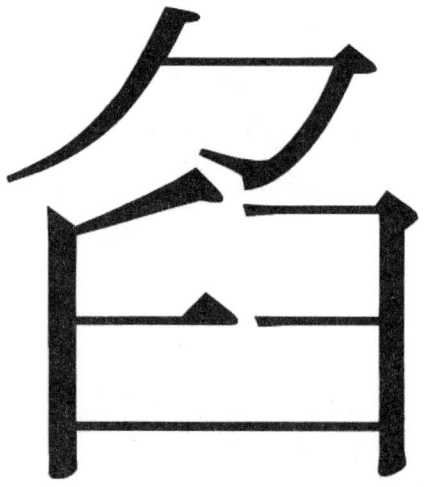

부수자 臼 (절구/확 구)의 2획　別(별) 카드231

함

臽
① 허방다리 함
② 구덩이/함정 함
③ 허방다리에 빠지다 함

◆[쓰임의 예]

帢(흡)　蛤(함)　陷(함)　淊(함)　銘(함)
모자　쐐기　빠질　흙탕　쇠사슬

堿(감)　悇(감)　歁(감)　輡(감)　帢(흡)
구덩이　근심할　시름겹다　가기힘들　모자

부수자 臼 (절구/확 구)의 2획　別(별) 카드231

232.

부수자 夂(천천히 걸을 쇠)의 4획　別(별) 카드232

준

夋
① 천천히 걷는 모양 준
② 가다/거만하다 준

◆[쓰임의 예]

俊(준)　竣(준)　駿(준)　峻(준)
준걸　마칠/멈출　준마/뛰어난 사람　가파를

浚(준)　崚(준)　晙(준)　畯(준)
깊을/빼앗다　높을　밝을　농부

峻(준)　酸(산)　悛(전)　唆(사)
높을/준엄할　식초/초　고칠/뉘우칠　꾈/부추길

부수자 夂(천천히 걸을 쇠)의 4획　別(별) 카드232

233.

부수자 夊(천천히 걸을 쇠)의 5획 別(별) 카드233

룽

夅
①언덕/넘을/높을 룽
②큰 둔덕/업신여길 룽
③임금의 무덤 룽
④가빠르다/짓밟다 룽

◆[쓰임의 예]
陵(룽) 凌(룽) 浚(룽) 綾(룽) 倰(룽)
큰 언덕 능가할 달리다 비단 속일

부수자 夊(천천히 걸을 쇠)의 5획 別(별) 카드233

234.

부수자 歹/歺 (뼈 앙상할 알)의 2획 別(별) 카드234

잔/찬

①뚫다 남을 잔
②뚫을/후빌/맛있는 갈비 찬

※ 歹=歺=占=歹

살 발린뼈/뼈 앙상할 알

◆[쓰임의 예]
燦(찬) 餐(찬) 璨(찬) 粲(찬):깨끗할/밝을
빛날 먹을 옥의 빛 정미/잘 쓿은 쌀

부수자 歹/歺 (뼈 앙상할 알)의 2획 別(별) 카드234

235.

炏炏 → 燚

부수자 火 (불 화)의 10획 　　別(별) 카드235

[형]

炏炏 → 燚
① 빛날/등불/밝을 형
② 반짝일/반딧불 형
③ 등불 반짝거릴 형
④ 아름답고 성할 형
⑤ 눈부실/화산 형

◆ [쓰임의 예]

螢(형)　鎣(형)　濙(형)　瑩(영)
개똥벌레　줄/갈다　실개천　옥빛/밝다

부수자 火 (불 화)의 10획 　　別(별) 카드235

236.

垔

부수자 土 (흙 토)의 6획 　　別(별) 카드236

[인/수/두]

垔
① 막을/묻힐/잠길 인
② 막을/묻힐/잠길 수
③ 막을/묻힐/잠길 두

◆ [쓰임의 예]

湮(인)　堙(인)　歅(인)　禋(인)
추운 모양　잠길　의심할　제사지낼

부수자 土 (흙 토)의 6획 　　別(별) 카드236

237.

부수자 彑 (돼지 시)의 0획　　別(별) 카드237

궁

모일(聚也) 궁

◆彑돼지/돝 시

豖 = 一한 일 + 彑모일 궁

◆[쓰임의 예]

彑돼지/돝 시. 象코끼리/모양/그림 상.

부수자 彑 (돼지 시)의 0획　　別(별) 카드237

238.

부수자 十 (열 십)의 3획　　別(별) 카드238

훼

卉

풀/초목/많을 훼

◆[쓰임의 예]

奔(분)　濆(분)　賁(분)　啐(분)
달릴/달아날 뿜을/물가 크다/날래다 쪼다

부수자 十 (열 십)의 3획　　別(별) 카드238

239.

부수자 隹 (새 추)의 4획　　別(별) 카드239

환

부엉이 **환**

雈=[丱쌍상투 관+隹새 추]

[雎올빼미 **치**]에 속함

※[참고] : 雚황새 관

부수자 隹 (새 추)의 4획　　別(별) 카드239

240.

부수자 艸/⺿ (풀 초)의 8획　　別(별) 카드240

추/환

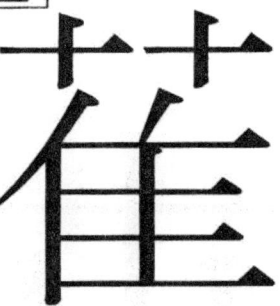

①풀 우거진 모양 **추**
②익모초/충울 **추**
③바래지않은 모시 **추**
④물억새/눈물 흘리는 모양/부엉이 **환**

부수자 艸/⺿ (풀 초)의 8획　　別(별) 카드240

241.

부수자 隹 (새 추)의 10획   別(별) 카드241

관

雚

①황새/물억새/작은 참새 **관**
②백로 비슷한 새/부엉이 **관**
③박주가리(草)/물억새(草) **관**
④박주가리(草) **환**

[艹풀 초]표기 '雚'은 '俗字속자'이며, 艹는 '卝쌍상투 관'의 변형으로, 본래는 [卝쌍상투 관]모양이다. '吅부르짖을 현/훤'은 '두 눈'을 나타내는 '새(隹)'라는 뜻의 '글자'이다.

◆ [쓰임의 예]
歡(환) 獾(환) 觀(관) 灌(관) 礶(관)
기뻐할 오소리 볼   물댈 두레박

부수자 隹 (새 추)의 10획   別(별) 카드241

242.

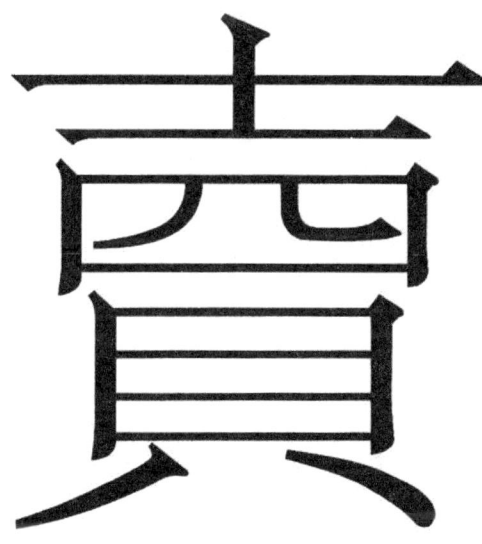

부수자 貝 (조개/자개/돈 패)의 8획 別(별) 카드242

육

賣

팔/행상하다(이곳저곳 돌아다니면서 팔다) **육**

[賣육]은 [賣육]과 同字동자이다. 이 賣의 글자에서 '罒'모양은 잘못된 표기(워드에 활자가 없음)로, '罒'은 '四'으로 표기 되어야 한다.

◆ [쓰임의 예]
竇(두)구멍 두, 讀(독)읽을 독

부수자 貝 (조개/자개/돈 패)의 8획 別(별) 카드242

243.

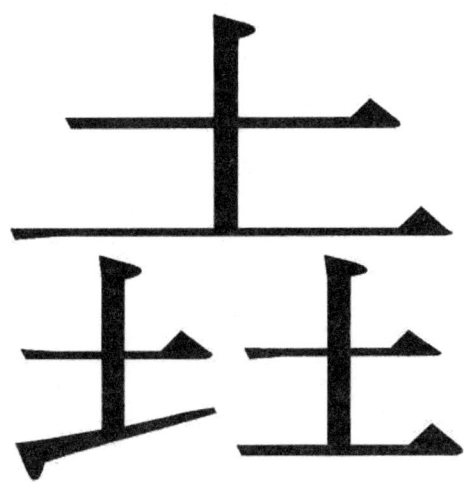

부수자 土 (흙 토)의 6획   別(별) 카드243

요

垚

높은 모양 요

◆[쓰임의 예]
堯(요)요임금/높다/멀다 요.
→垚와 동자로도 쓰인다.
翹(교)꼬리의 긴 깃털/꼬리/날개/높을/재능이 뛰어날. (예)교초
蟯(요) 嶢(요) 橈(요/뇨) 繞(요)
요충   산 높을 꺾일/굽을   둘러싸다
僥(요) 饒(요) 撓(요) 曉(효) 燒(소)
바라다 넉넉할 어지러울/휠 새벽   불사를

부수자 土 (흙 토)의 6획   別(별) 카드243

244.

◆'丱쌍 상투 관'의 모양이지만, 艸/艹
(풀 초)부수자 부수에 분류되어 있음에
유의해야 한다. 모든 활자가 莧이 莧의
모양으로 표기되어 있다.

부수자 艸/艹 (풀 초)의 8획   別(별) 카드244

환

莧

①산양의 가는 뿔 환
②산양 뿔 환

[주의]→'莧'의 모든 활자가 '艹풀 초'
로 되어 있음에 유의한다.→이것은 잘못된
표기이며, '艹풀 초'모양이 아니고, '丱
쌍 상투 관'의 모양으로 표기해야 한다.

◆[쓰임의 예] ※莧은 잘못된 표기임
寬(관)너그러울 관=[宀면+ 莧(莧)환]

부수자 艸/艹 (풀 초)의 8획   別(별) 카드244

245.

부수자 儿 (걷는사람 인)의 2획 別(별) 카드245

잠

兂
비녀 잠

[비녀/찌르다/꽂다/빠르다 잠(簪)]의 古字(고자)

◆[쓰임의 예] 憯(속자)→憯(정자)
�(잠/심)강 이름/땅 이름 잠/심
憯(참)슬퍼할/비통해할/잔혹할/예리할 참

부수자 儿 (걷는사람 인)의 2획 別(별) 카드245

246.

부수자 戈 (창 과)의 4획 別(별) 카드246

잔/진/전/찬/편

①도둑/상할/해칠/나머지 잔
②얕고 작을 진/전
③쌓일/좁을/적을/도둑 전
④상할/해할 찬 ⑤좁을 편

◆[쓰임의 예]
殘(잔) 盞(잔) 棧(잔) 錢(전) 餞(전)
해칠/   잔/술잔 사다리/ 돈/전 보낼/
쇠잔할   잔교/잔도 약자:戋 전별할
箋(전)   賤(천)   踐(천)   剗(잔)
찌지/기록할 천하다   밟다   깎다/농기구

부수자 戈 (창 과)의 4획 別(별) 카드246

247.

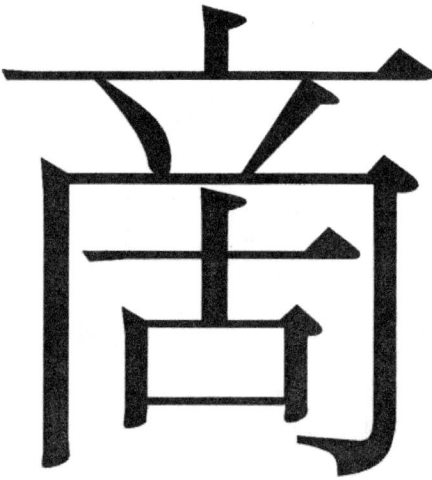

부수자 口 (입 구)의 8획　　別(별) 카드247

| 적/석 |

商
① 밑동/뿌리/근본 　적
② 물방울/과일꼭지　적
③ 화하다/누그러지다　석

◆[쓰임의 예]
適(적)　摘(적)　敵(적)　滴(적)　甋(적)
마침/가다 알맞다 따다/들춰낼 원수/대적할 물방울　벽돌
嫡(적)　謫(적)　嘀(적)　豴(적)　墒(적)
정실/아내 귀양갈 중얼거릴 돼지굽 밭갈

부수자 口 (입 구)의 8획　　別(별) 카드247

248.

부수자 羽 (깃/날개 우)의 8획　　別(별) 카드248

| 적/책/탁 |

翟
① 꿩/꿩깃/수레치장　적
② 땅 이름/현 이름　책
③ 산새/멧새　탁

◆[쓰임의 예]
濯(탁)　擢(탁)　蠗(탁)　躍(약)　鸐(적)
씻을　뽑을　작은 조개 뛰다　꿩
曜(요)　耀(요)　糴(적)　趯(적)　籊(적)
빛날/요일 빛날　쌀 사들일 뛰다 길고 끝이 뾰 모양

부수자 羽 (깃/날개 우)의 8획　　別(별) 카드248

249.

부수자 大(큰 대)의 7획　別(별) 카드249

해

①어찌/무엇/어느 해
②여자 종/계집관비 해
③큰 배/풀·땅·산 이름 해

◆[쓰임의 예]
鷄(계) 雞(계) 溪(계) 谿(계) 磎(계)
닭　 닭/새 이름　시내　 시내　 시내
㜎(혜) 騱(혜) 鞈(혜) 謑(혜)
뒵들/말다툼　야생말　생가죽신　창피 줄

부수자 大(큰 대)의 7획　別(별) 카드249

250.

부수자 癶(걸을/등질 발)의 4획　別(별) 카드250

발

①짓밟을/풀 벨 발
②발로 풀 뭉개어
　짓밟을 발

◆[쓰임의 예]
菝(발) 發(발) 撥(발) 醱(발)
풀 벨　쏠/필　다스릴　술이 괴다
潑(발) 廢(폐) 癈(폐) 籐(폐)
물 뿌릴　못쓰게될　폐할/고질　대자리

부수자 癶(걸을/등질 발)의 4획　別(별) 카드250

251.

부수자 勹 (쌀/에워쌀 포)의 6획 別(별) 카드251

국

匊

①움켜 쥘(뜰) 국
②움큼/움킬 국
③손바닥 안 국

◆[쓰임의 예]

菊(국)　鞠(국)　趜(국)　踘(국)
국화　기를/공/제기　궁구할　밟을

부수자 勹 (쌀/에워쌀 포)의 6획 別(별) 카드251

252.

부수자 几 (안석/책상 궤)의 0획 別(별) 카드252

수

几

①새의 깃 짧을(鳥之短羽) 수
②군사를 칠(擊兵) 수
③새가 나는 모양 수
④깃이 짧은 새가 나는모양 수

※참고: 几 안석/책상/기댈상 궤

几(수)+ 一(일)+ 鳥(조)=鳳(봉황새 봉)

◆[쓰임의 예]:鳳(번체자)=凤(간체자/古字/俗字)

부수자 几 (안석/책상 궤)의 0획 別(별) 카드252

253.

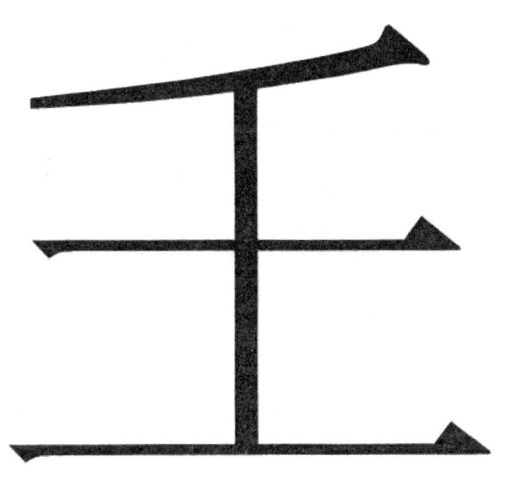

부수자 土 (흙 토)의 1획　　別(별) 카드253

정 壬

①착할/땅에서 꿰져 나올 정
　낳을(生也)/처음 나올 정
②발돋음할/우뚝 설 정
③줄기/지붕/마룻대 정

◆[쓰임의 예]
呈(정)드릴 정.　聖(성)성인 성.
望(망)①바랄 망, ②보름 망.

부수자 土 (흙 토)의 1획　　別(별) 카드253

254.

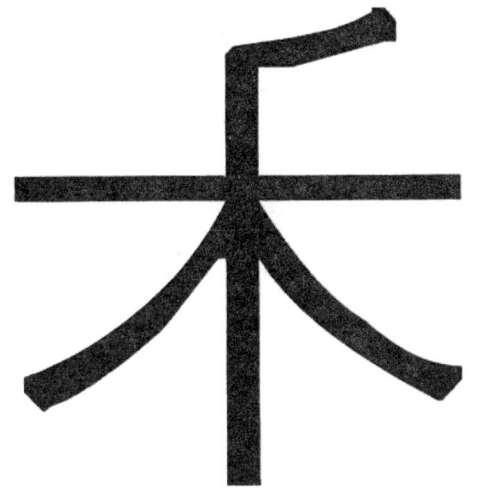

부수자 禾(벼 화)의 0획　　別(별) 카드254

계 禾

자라다 멈추고 구부러질 계
나무끝 옹두라져 뻗어나가지 못할 계
나무끝 굽을/그칠 계

※그러나 일반적으로 禾을 →거의 禾 모양으로 표기하고 있다.

◆[쓰임의 예]
嵇(嵇속(동)자=嵆)→성(姓)씨/산 이름 혜.
稽본자/稽동자(稽동자·속자)
　→머무르다/상고할/머리숙일 계.

부수자 禾(벼 화)의 0획　　別(별) 카드254

255.

부수자 小(작을 소)의 2획 　　別(별) 카드255

이 尔

①어조사(助辭) 니/이
②그렇다할(然也) 니/이
③가까울(邇也) 니/이
④너·그대(爾·而也) 니/이
⑤성(姓)씨 이
어조사·조사/너(you)·그대(you)
※尒=尔=尓→亻+小
　※尒=尔=尓 → =(亻+小)
ㄏ(ㄉㄑ)=人(亻)→[人'사람 인']과 같음
◆[쓰임의 예]→ㄏ(ㄉㄑ)=人(亻)
寶→'寶보배 보'의 俗字(속자)

부수자 小(작을 소)의 2획 　　別(별) 카드255

256.

부수자 豕(돼지 시)의 6획 　　別(별) 카드256

거 豦

원숭이의 한 가지 거
서로잡고 어울려 싸울 거
큰 돼지 거
호랑이 두 발 들 거

◆[쓰임의 예]:據(의거할거) 濾(마를거)
遽(갑자기/날렵할거) 懅(부끄러울/두려울거)

부수자 豕(돼지 시)의 6획 　　別(별) 카드256

257.

궐 㪫

① 팔(掘)/열·필(發) **궐**
② 뚫을 **궐**
③ 숨찰/가쁠 **궐**

◆ [쓰임의 예]
闕 대궐 궐.   厥 그/그것/파내다 궐.
撅 ① 치다/공격하다 궐.
   ② 추어 올리다/옷 걷어 올리다 궤.
   ③ 박힌 것을 뽑아냄(뽑힐) 결.

부수자 欠(하품 흠)의 6획   別(별) 카드257

258.

강 畺

① 지경 **강**(=疆)
   疆 지경/끝/한계/밭두둑/변두리 강
② 죽어 썩지 않을 **강**

◆ 田(밭)과 田(밭) 사이의 밭두둑(三)을 나타낸 글자로 밭과 밭사이의 경계를 뜻하여 나타낸 글자이다. 그러므로 '疆'과 같은 뜻의 글자로 쓰인다.

부수자 田(밭 전)의 8획   別(별) 카드258

259.

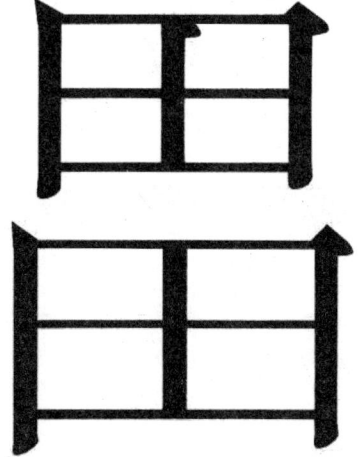

부수자 田(밭 전)의 5획　　別(별) 카드259

| 강 |

畕

나란히 있는 밭 **강**

부수자 田(밭 전)의 5획　　別(별) 카드259

260.

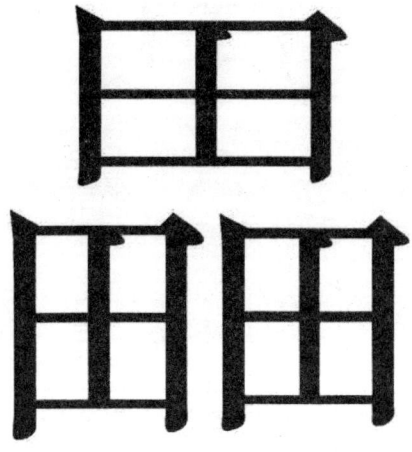

부수자 田(밭 전)의 10획　　別(별) 카드260

| 뢰 |

畾

①밭 갈피/밭 사이의 땅 **뢰**
②성채(城砦)/성채를 쌓다 **뢰**
　※砦울타리 채

※[참고] : 畕 나란히 있는 밭 **강**

◆[쓰임의 예]
儡꼭두각시/허수아비/피로하다 뢰. 礧옥그릇 뢰
攂갈다(문지르다)/치다/돌을 굴리다 뢰.
櫑술통/칼자루 장식 뢰. 礧 바위/부딪칠/산 모양 뢰
蠝날다람쥐 뢰. 儡꼭두각시/허수아비/피로할 뢰

부수자 田(밭 전)의 10획　　別(별) 카드260

261.

부수자 月(肉)(고기/육달월 육)의 9획　別(별)카드261

라/나

蠃
짐승 이름 라/나

◆[쓰임의 예]

蠃벌거벗을/털이 짧고 사나운 짐승 라/나.
蠃나나니 벌/소라/우렁이/달팽이 라/나.
蠃되강오리 라/나. 騾노새 라/나.
瀛바다/못 속/늪 속 영. 攍메다/멜 영.
嬴가득 찰/넘쳐 남을/남다/나타나다 영.

부수자 月(肉)(고기/육달월 육)의 9획　別(별)카드261

262.

부수자 女(계집 녀)의 8획　別(별) 카드262

루

婁
①별 이름/거두다 루
②성기다/드문드문할 루
③끌어 당길/끌 루

◆[쓰임의 예]

數①셀 수/②자주 삭/③촘촘할 촉. 縷실 루.
瘻부스럼 루. 鏤새길/강철 루. 屢여러 루.
僂 구부릴/곱추 루 摟끌어 모을 루 塿언덕루

부수자 女(계집 녀)의 8획　別(별) 카드262

263.

부수자 田(밭 전)의 2획   別(별) 카드263

병/빙

甹

①빠를/이끌/끌다/꾀다 병
②재물을 가벼이 여기는 사람 병
③말이 잴/성급하게 말할 병
④협기/호협한 기개 병
⑤비틀거릴 빙

◆[쓰임의 예]
聘찾아갈 빙. 騁달릴 빙. 渼물 모양 빙.
俜비틀거릴/호협할/협객 빙/병.
娉①장가들다 빙, ②예쁠 병.

부수자 田(밭 전)의 2획   別(별) 카드263

264.

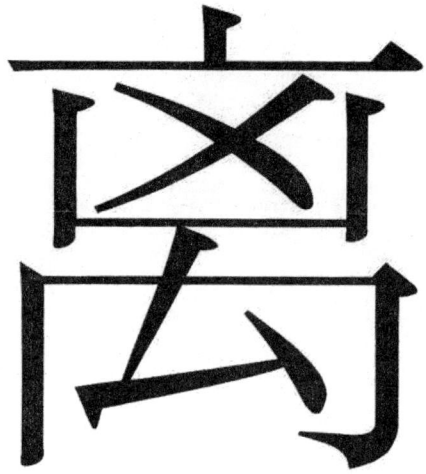

부수자 内(짐승발자국 유)의 6획 別(별) 카드264

리(이)

离

①산 신/맹수/도깨비 리
②흩어질/괘이름 리/이
③산에 사는 신령한 짐승 리
④밝을/고울/빛날/헤어질 리

◆[쓰임의 예]
離떠날/떼어 놓을 리 籬울타리 리 縭허리띠리
摛널리 알려질/퍼현할 리 謧말 수다할 리
漓스며들 리 醨삼삼한 술/묵은 술 리

부수자 内(짐승발자국 유)의 6획 別(별) 카드264

265.

부수자 米(쌀 미)의 6획 別(별) 카드265

린 㷠

①도깨비불/개똥불 린/인
②불 일어날/반딧불 린/인

※燐과 同字(동자)

◆[쓰임의 예]
隣=鄰이웃 린 麟기린 린 鱗비늘 린 鏻굳셀린
璘옥빛 린 潾맑을 린 忴근심 린 甐그릇 린
僯부끄러울 린 疄남새밭/채소밭 린 瞵눈빛 린
嶙가파를 린 磷험할 린 遴어려워할 린

부수자 米(쌀 미)의 6획 別(별) 카드265

266.

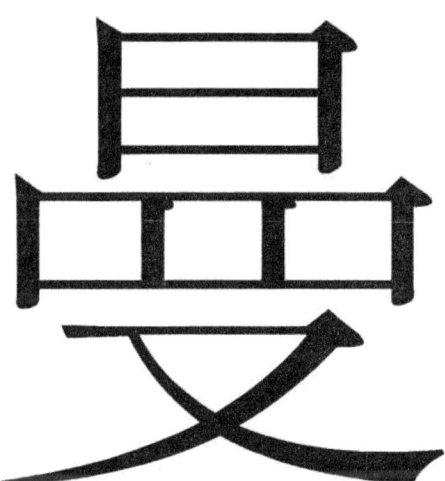

부수자 曰(가로되/말하기를 왈)의 7획 別(별)카드266

만 曼

①끌다/곱다/가볍다 만
②뻗다/널리 퍼지다 만
③오랑캐/분별할 수 없는 모양 만
④길다/멀다/윤택할 만

◆[쓰임의 예]→ 謾속일/헐뜯을 만
慢게으를/거만할 만 漫넘쳐흐를/질펀할/빠질 만
鰻뱀장어 만 蔓덩굴/뻗어 나갈 만 饅만두 만
僈얕볼 만 墁흙손/벽의 장식 만 幔막/천막 만
嫚업신여길/음란하게 굴 만 槾흙손 만 鬘머리장식만
鏝흙손/날없는 창 만 熳빛날 만 蟃뽕나무 벌레 만
縵무늬 없는 비단 만 獌짐승(이리/범/호랑이) 등 만

부수자 曰(가로되/말하기를 왈)의 7획 別(별)카드266

267.

부수자 辛(매울 신)의 7획   別(별) 카드267

변

辡
①죄인이 서로 송사할 변
②고소할 변

◆[쓰임의 예]→辨(=辧·辦)분별할변
辯①말 잘할/다스릴/슬기롭다/편녕할/교묘하게 말 잘할/말다툼할/판단할/분별할/자세히 살필 변. ②두루 미칠/고를 편.③딜릴(貶떨어드릴폄)/떨어질 별
辮①섞어 짤/엮을 편 ②많다/많은 머리 변.
辨=辧①분별할/판단할/다스릴 변②폄(貶)할 폄
③두루/널리편④갖출 판·변. 辦힘쓸/갖출/처리할 판
辧·辨=斑아롱질/얼룩질 반. 瓣허벅지 판.
辮근심할/급할 변.競(競)다툴 경.辥(辪)허물고

부수자 辛(매울 신)의 7획   別(별) 카드267

268.

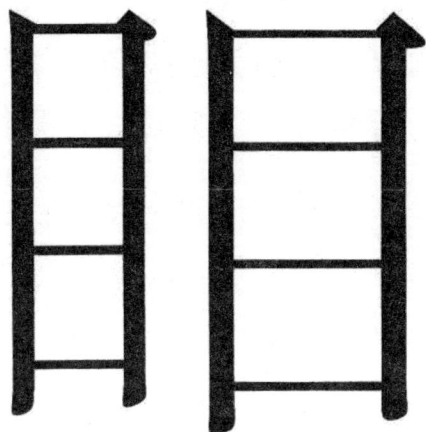

부수자 目(눈 목)의 5획   別(별) 카드268

구

䀠
좌우로 두리번 거리며 볼 구

◆[쓰임의 예]
懼두려워할 구. 衢=衖네거리/거리/갈림길 구.
瞿볼/놀라서 볼/노려볼/검소할 구. 戵창 구.
曜=曙=照비칠 조. 欋쇠스랑 구. 灈물 이름 구
斪풀다/뜨다 구. 氍모직물/양탄자 구.
癯=臞여윌 구. 鸜구관조 구. 蠷큰 원숭이 구
蠼집게벌레 구. 躣굼틀굼틀 가다/가는 모양 구

부수자 目(눈 목)의 5획   別(별) 카드268

269.

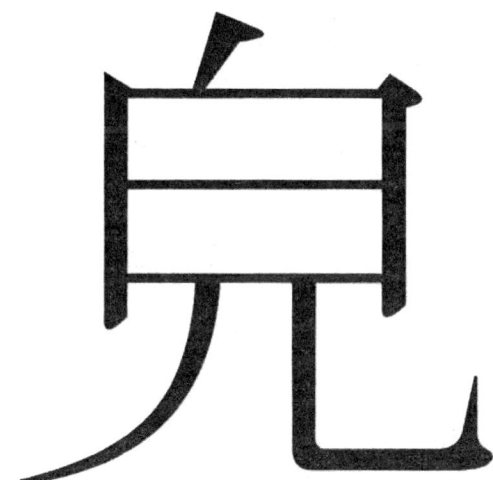

부수자 白(흰 백)의 2획   別(별) 카드269

모 兒

①용모/모양/얼굴 모
②얼굴/모양/본뜰 막
※貌(모/막)와 同字(동자)
◆[쓰임의 예]
邈멀다/아득히 멀 막. 貌=貌. 殒배부를 모.
藐①작을/업신여길/멀다/점점/넓을/예쁠 묘.
　②지치(紫草자초:자색의 염료로 쓰이는 풀) 모/묘
　③아득할/넓고 크며 가없는 모양 막.
溴큰 물 모.   逸=貌의 古字(고자)

부수자 白(흰 백)의 2획   別(별) 카드269

270.

부수자 木(나무 목)의 5획   別(별) 카드270

엽 枼

①모진나무 엽/삽
②엷(얇)을 엽/삽

◆[쓰임의 예]
葉잎 엽, 堞성가퀴 첩, 諜염탐할 첩,
喋재잘거릴 첩, 牒서찰/공문서/기록 첩,
蝶나비 접, 楪평상/창/창문 접,
艓배 이름/작은 배 접, 蹀밟을 접,
鰈가자미/넙치 탑/접, 慴두려워할 접,

부수자 木(나무 목)의 5획   別(별) 카드270

271.

부수자 艮(그칠/괘이름 간)의 0획 別(별) 카드271

간/흔

艮

①괘이름/어긋날 간

②거스를/그칠/어려울 간

③끌다(끌) 흔

◆[쓰임의 예]
根(근) 眼(안) 跟(근) 艱(간) 懇(간)
뿌리　눈　발뒤꿈치 어려울 간절할
限(한) 恨(한) 痕(흔) 很(흔)
한정/한계 근심　흉터　패려궂을/매우

부수자 艮(그칠/괘이름 간)의 0획 別(별) 카드271

272.

부수자 子(자식 자)의 6획 別(별) 카드272

잔/연

①삼가할/가련할 잔

②어질고 삼가는 모양 연

부수자 子(자식 자)의 6획 別(별) 카드272

273.

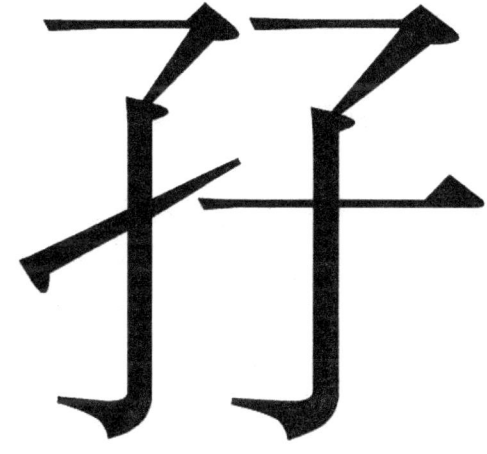

부수자 子(아들 자)의 3획   別(별) 카드273

자

孖

쌍동이 자

부수자 子(아들 자)의 3획   別(별) 카드273

274.

부수자 又(또/거듭 우)의 6획   別(별) 카드274

철

叕

① 연(連:연이어질)할 철
② 잇댈 철

부수자 又(또/거듭 우)의 6획   別(별) 카드274

275.

부수자 厶(사사/나 사)의 4획 別(별) 카드275

①류(뤼)/②참

1. 흙을 쌓아 담쌓 ①류(뤼)/②참
2. 담벽   ①류(뤼)/②참

※[참고] 厸이웃 린(隣=鄰)의 古字고자
※[참고] 厺변할 환(幻)의 古字고자
※[참고] 厸으슥할/그윽할 유
　　　　厸는 → '幽유'와 同字동자

부수자 厶(사사/나 사)의 4획 別(별) 카드275

276.

부수자 臼(절구/확 구)의 4획 別(별) 카드276

여

舁

①마주들/들 것 여
②들어 올리어 매다 여

◆[쓰임의 예]
輿 수레/싣다 여 = 舁 + 車 수레 거
與 더불어 여 = 舁 + 与 줄/어조사 여
興 흥할/감동 흥 = 舁 + 同 한가지 동

부수자 臼(절구/확 구)의 4획 別(별) 카드276

277.

부수자 欠(하품 흠)의 11획　　別(별) 카드277

음(飮)

歆

마실 음(飮)의 古字고자

䤈(酉의 8획) 同字(동자)
醶(酉의 9획) 同字(동자)

부수자 欠(하품 흠)의 11획　　別(별) 카드277

278.

부수자 力(힘 력)의 4획　　別(별) 카드278

협/렵

劦

①힘을 같이(합)할 협
②급할/갑자기 협
③바람이 잔잔해지다 협
④힘을 써 멎지 않을 렵

부수자 力(힘 력)의 4획　　別(별) 카드278

279.

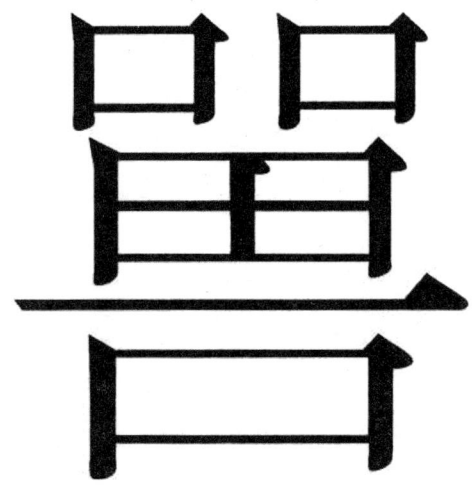

부수자 口(입 구)의 12획　別(별) 카드279

휴/축(畜의 古字)

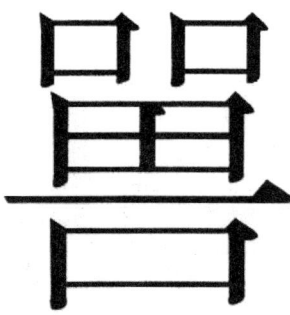

① 기르는 짐승 휴
② 기를/쌓을 축(畜)의
　古字고자.

부수자 口(입 구)의 12획　別(별) 카드279

280.

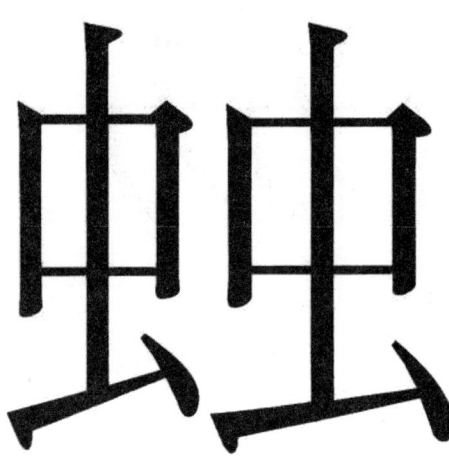

부수자 虫(벌레 훼)의 6획　別(별) 카드280

곤

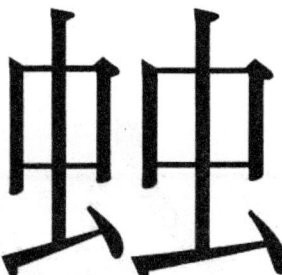

① 벌레/많을 곤
② 곤충/육각충 곤

蜫(곤)과는 同字(동자)이다

※ [참고] 昆蟲(곤충)

부수자 虫(벌레 훼)의 6획　別(별) 카드280

281.

弱

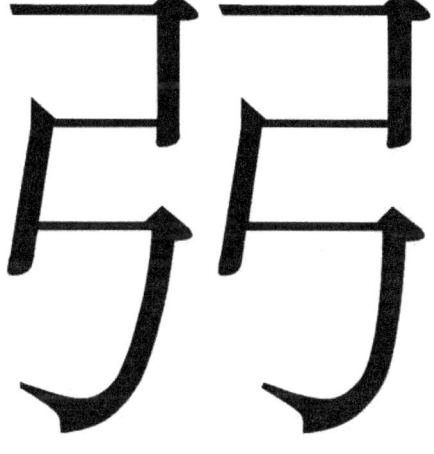
강할/활강할 강

부수자 弓(활 궁)의 3획　別(별) 카드281

282.

沝

두 갈래의 물/물 추

부수자 水(물 수)의 4획　別(별) 카드282

283.

心
心心

부수자 心(마음 심)의 8획　　別(별) 카드283

솨/지/수/유

心
心心

① 의심낼 솨
② 착할 지/수
③ 꽃술/제사이름 유
[참고] 蕊 同字:(蘂 속자)
→① 꽃술 예/
　② 꽃이 더부룩한 모양 전

부수자 心(마음 심)의 8획　　別(별) 카드283

284.

泉
泉泉

부수자 水(물 수)의 23획　　別(별) 카드284

순/천/전

泉
泉泉

① 셋(세개의) 샘 순
② 많이 흐를 천
③ 많은 물줄기 천
③ 샘 천(泉 샘 천과 同字)

부수자 水(물 수)의 23획　　別(별) 카드284

285.

부수자 魚(물고기 어)의 11획 別(별) 카드285

어/오

①두 마리 물고기 어

②큰 물고기 오

부수자 魚(물고기 어)의 11획 別(별) 카드285

286.

부수자 魚(물고기 어)의 22획 別(별) 카드286

선

①날고기/생선 선

②드물다(적다) 선

부수자 魚(물고기 어)의 22획 別(별) 카드286

287.

부수자 大(큰 대)의 2획　　別(별) 카드287

토 (본(本)의 속자)

① 나아갈 토
② 왔다갔다하며 볼 토
③ 근본 본(本)의 俗字

부수자 大(큰 대)의 2획　　別(별) 카드287

288.

부수자 大(큰 대)의 2획　　別(별) 카드288

호

① 놓을(放)/클/넓을 호
② 하늘 호(昊)와 같음

부수자 大(큰 대)의 2획　　別(별) 카드288

289.

부수자 火(불 화)의 8획　　別(별) 카드289

사

鴯

짐승이름 사

부수자 火(불 화)의 8획　　別(별) 카드289

290.

부수자 止 (그칠/발 지)의 1획　別(별) 카드290

지

𣥂 = 止

① 그칠/머물을 지
② 발/터/살/근본 지
③ 족할/넉넉할 지

◆ [쓰임의 예]
足(족)　企(기)　址(지)　趙(조)
발　　바랄/꾀할　터　　나라 이름

부수자 止 (그칠/발 지)의 1획　別(별) 카드290

291.

矢

부수자 大(큰 대)의 2획　　別(별) 카드291

열

矢

머리기울 열

부수자 大(큰 대)의 2획　　別(별) 카드291

292.

犾

부수자 犬/犭(개 견)의 4획　　別(별) 카드292

은

犾

개 마주 짖을 은
개가 서로 짖다 은
개가 서로 물을 은

부수자 犬/犭(개 견)의 4획　　別(별) 카드292

293.

부수자 犬/犭(개 견)의 8획　別(별) 카드293

표

猋

① 개 달아나는 모양 **표**
② 회오리(회리)바람 **표**
③ 갈대풀 **표**

부수자 犬/犭(개 견)의 8획　別(별) 카드293

294.

부수자 彑(돼지머리 계)의 5획　別(별) 카드294

이/제

彘

① 털이 긴 돝(돼지) **이/제**
② 삵의 새끼/돼지 **이/제**
③ 털 긴 짐승이름 **이/제**

부수자 彑(돼지머리 계)의 5획　別(별) 카드294

295.

柬

부수자 木(나무 목)의 6획　　別(별) 카드295

|함|

柬

나무에 꽃과 속
열매가 늘어질 **함**

부수자 木(나무 목)의 6획　　別(별) 카드295

296.

鹵

부수자 卜(점 복)의 7획　　別(별) 카드296

|초|

鹵

열매 주렁주렁 달릴 **초**

부수자 卜(점 복)의 7획　　別(별) 카드296

297.

秝

부수자 禾(벼 화)의 5획　　別(별) 카드297

력(역)

秝

① 심는 간격 드물(성글) 력
② 나무가 성글 력(역)

부수자 禾(벼 화)의 5획　　別(별) 카드297

298.

屾

부수자 山(뫼/산 산)의 3획　　別(별) 카드298

신

屾

① 두 산 나란히 서 있을 신
② 같이 선 산 신

부수자 山(뫼/산 산)의 3획　　別(별) 카드298

299.

兩

부수자 入(들 입)의 5획　別(별) 카드299

량(양)

兩

두(둘)/짝 량(兩)
의 古字고자

부수자 木(나무 목)의 5획　別(별) 카드299

300.

毚

부수자 比(비교할/견줄 비)의 5획 別(별) 카드300

착

毚

짐승이름 착

(同字동자: 毚 짐승 착)

부수자 比(비교할/견줄 비)의 5획 別(별) 카드300

301.

부수자 人(사람 인)의 11획　別(별) 카드301

|첨|

僉
①다(all)/모두/여러 첨
②많은 사람이 함께 말하다 첨
③고르다/가려 뽑다 첨
④도리깨/벼슬 이름 첨
◆ [쓰임의 예]
簽농/죽농/찌/쪽지/서명할 첨. 鍁삽/가래 첨.
襝행주치마/옷의 겨드랑이 밑/적삼 첨.
檢봉함/봉인/문갑/단속할 검.→撿과 同字(동자)
撿단속할/순찰할/조사할 검.→檢과 同字(동자)
劍=劒칼/찌를/벨 검. 儉검소할/흉작 검.
臉뺨/얼굴/국/국물 검. 瞼눈 꺼풀 검.

부수자 人(사람 인)의 11획　別(별) 카드301

302.

부수자辶(쉬엄쉬엄 갈/뛸/거닐 착)의 4획 別(별)카드302

|사|

辿
옮길(迻옮길 이也) 사

부수자辶(쉬엄쉬엄 갈/뛸/거닐 착)의 4획 別(별)카드302

303.

甩

부수자 用(쓸 용)의 0획   別(별) 카드303

솔 甩

① 던질/버릴/흔들/휘두를/흔들릴/뿌리칠/벗다/벗어버리다 솔
② 摔 땅에버릴/던질 솔 과 同字
[참고] 率:①거느릴/이끌다/복종할 솔,
②장수 수, ③수효 루,
④비율 률(율),
⑤무게의 단위 솰.

부수자 用(쓸 용)의 0획   別(별) 카드303

304.

圣

부수자 土(흙 토)의 2획   別(별) 카드304

골 圣

힘쓰다 골

※[손(又←手)으로 거친 땅(土)을 개간한다는 데서 힘을 쓴다는 뜻의 글자가 된 것.]

◆[쓰임의 예]

怪 기이할/의심할/도깨비 괴

砳 옥돌/옥에 버금가는 돌 괴

부수자 土(흙 토)의 2획   別(별) 카드304

305.

부수자 小(작을 소)의 3획　　別(별) 카드305

숙

尗

①콩 숙
②아재비/삼촌 숙

◆[쓰임의 예]

叔아재비/젊다 숙, 淑맑을 숙.

부수자 小(작을 소)의 3획　　別(별) 카드305

306.

부수자 女(계집 녀)의 4획　　別(별) 카드306

타

妥

①온당할/마땅할 타
②편히 앉다/편안할 타
③안정할/타협할 타
④떨어질 타

◆[쓰임의 예]

綏 ①편안할 수, ②기 드림(장식) 유,
　③드리울 타.
 향초이름 수

부수자 女(계집 녀)의 4획　　別(별) 카드306

307.

부수자 又(또/손 우)의 1획 別(별) 카드307

차/채

①손길잡을/귀신 이름 **차**
　가장귀/깍지낄 **차**
②두 갈래진 비녀 **차/채**
　양(두)갈래 **차/채**

◆[쓰임의 예]
杈 나뭇가지 차,　衩 옷섶 차,
訍 딴말할 차,　靫 화살통/전동 채/차

부수자 又(또/손 우)의 1획 別(별) 카드307

308.

부수자 又(또/손 우)의 2획 別(별) 카드308

초/조

①손발등 초
②'爪손발톱조'의 古字

◆[쓰임의 예]
蚤벼룩/일찍/손톱 조,

부수자 又(또/손 우)의 2획 別(별) 카드308

309.

부수자 山(메/뫼/산 산)의 2획   別(별) 카드309

알/얼

厂

언덕 높을 알/얼

◆ [쓰임의 예]
岸언덕/기슭/뛰어나다 안.
垾언덕 안.
婩고울 안.
銲연한 쇠/시우쇠 안.

부수자 山(메/뫼/산 산)의 2획   別(별) 카드309

310.

부수자 禾(벼 화)의 3획   別(별) 카드310

초

秒

①벼이삭 고개 숙인 모양 초
②벼를 걸(매달) 초

부수자 禾(벼 화)의 3획   別(별) 카드310

311.

부수자 禾(벼 화)의 3획　別(별) 카드311

초

秈

날카로울 리
利 '날카로울 리(이)'와 같음

◆[쓰임의 예]
黎 검을/많다/녘/무렵 려.
鷘 꾀꼬리 려(여)/리, 사다새 려(여).
犁 밭을 갈/얼룩소 리.

부수자 禾(벼 화)의 3획　別(별) 카드311

312.

부수자 又(또/손 우)의 2획　別(별) 카드312

반

끌(引也) 반
당길 반

부수자 又(또/손 우)의 2획　別(별) 카드312

313.

부수자 艹(풀 초)의 4획   別(별) 카드313

추

芻
풀벨/꼴 추
짐승먹이 추

◆[쓰임의 예]
趨(추) 皺(추) 雛(추)   騶(추)
달릴 주름 병아리/어릴 말 먹이는 사람
傡(추) 媰(추) 㥏(초)   煼(추)
고용될 애밸 조급할   시끄러울

부수자 艹(풀 초)의 4획   別(별) 카드313

314.

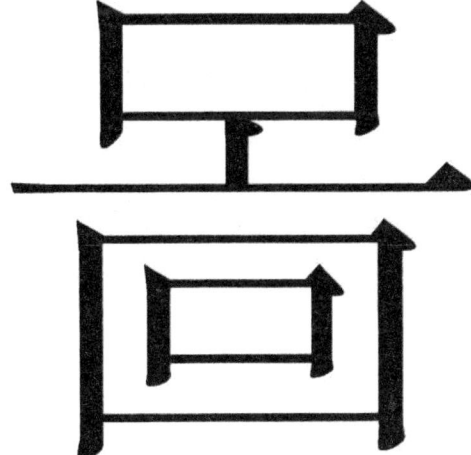

부수자 口(입/실마리 구)의 8획 別(별) 카드314

비

啚
①인색할 비
②鄙(다라울/인색할/시골 비)
        와 同字
③圖(그림 도)의 俗字

◆[쓰임의 예]
鄙다라울/인색할/어리석을/멸시할/시골 비
圖그림 도→'啚'의 모양 한자가 '圖'의
         '약자나 속자'로 쓰인다.

부수자 口(입/실마리 구)의 8획 別(별) 카드314

315.

부수자 缶(질그릇/장군 부)의 4획　別(별) 카드315

유

䍃
질그릇 유
독/병 유

◆ [쓰임의 예]

搖(요)　謠(요)　遙(요)　䌑(요)
흔들릴　가요　멀/아득할　부역/따르다

嗂(요)　嬥(요)　繇(요)　暚(요)
기꺼울/즐거울　예쁠　따를　햇빛

부수자 缶(질그릇/장군 부)의 4획　別(별) 카드315

316.

부수자 臼(절구/확 구)의 5획　別(별) 카드316

용/창

舂
①방아찧을/악기 용
벼슬 이름 용
고요할/해가 질 용
②방창(旁舂)-八蠻의 하나 창

방창(旁舂)은 고대 중국에서 남쪽 오랑캐를 통틀어 이르는 '팔만(八蠻)' 중 한 종족을 가리킵니다. 고대 중국인들은 중화(中華)를 중심으로 사방의 이민족을 낮춰 부르는 명칭을 사용했습니다. 동쪽은 동이(東夷), 서쪽은 서융(西戎), 북쪽은 북적(北狄), 남쪽은 남만(南蠻)이라 불렀습니다. 남만은 다시 여덟 개의 종족, 즉 팔만(八蠻)으로 세분되었는데, 방창(旁舂)은 이 팔만 중 하나입니다.

◆ [쓰임의 예]

樁찌를 용. 蹖밟을 용. 驡둔한/굼뜬 말 용.

憃①천치 창/용, ②어리석을(사람) 충/송/당.

부수자 臼(절구/확 구)의 5획　別(별) 카드316

317.

부수자 方(모 방)의 2획   別(별) 카드317

언

㫃

①나부낄 언
②깃발 날릴 언
③춤추며 노래부를 언

◆[쓰임의 예]
於(어) 閼(알) 旅(려/여) 施(시)
어조사 가로막을 군사/나그네 베풀
斿(유) 旋(선) 旌(정) 旗(기) 族(족)
깃발 돌다/회전하다 기   기   겨레

부수자 方(모 방)의 2획   別(별) 카드317

318.

부수자 大(큰 대)의 5획   別(별) 카드318

기

①이상할/그윽할 기
②기특할/뛰어날 기
③속임수/간사할 기

◆[쓰임의 예]
寄(기) 琦(기) 騎(기) 綺(기) 崎(기)
부칠/보낼 옥이름 말 탈 비단 험할
畸(기) 埼(기) 婍(기) 倚(기) 敧(기)
뙈기밭 험할/곶 고울 징검다리/끝 기울어질

부수자 大(큰 대)의 5획   別(별) 카드318

부수한자(部首漢字)

214個 部首字
(260個 漢字一覽表)

部首字 一覽表(부수자 일람표)

◆본 필자가 저술한 한자공부책의 쪽수

카드순서	부수자 순서	제1획 부수자	쪽수(page)	뜻과 음	카드순서	부수자 순서	제2획 부수자	쪽수 page	뜻과 음
1	1	一	1	한 일/온통 일 낱낱이 일	27	22	匚	14	상자 방
2	2	丨	1	꿰뚫을 곤	28	23	匸	14	감출 혜
3	3	丶	2	불똥 주 심지 주	29	24	十	15	열 십
4	4	丿	2	①삐칠 별 ②목숨 끊을 요	30	25	卜	15	점 복 점칠 복
5	4-0	㇏	3	파임 불/끌 불 (부수자는 아님)	31	26-1	卩	16	무릎마디 절
6	5-1	乙	3	새 을/굽을 을 둘째 천간 을	32	26-2	㔾	16	무릎마디 절
7	5-2	乚	4	새 을/굽을 을	33	27	厂	17	굴바위 한
8	6	亅	4	(왼)갈고리 궐 무기 궐	34	28	厶	17	사사로울 사
9	6-0	㇌	5	새 잡는 창애 궐 무기 궐/오른갈고리 궐 ※(부수자는 아님)	35	29	又	18	또 우 오른손 우
		제2획 부수자					제3획 부수자		
10	7	二	5	두(둘) 이/거듭 이	36	30	口	18	입 구/인구 구
11	8	亠	6	머리부분 두	37	31	囗	19	에워쌀 위
12	9-1	人	6	사람 인	38	32	土	19	흙 토
13	9-2	亻	7	사람 인	39	33	士	20	선비 사/벼슬 사
14	10	儿	7	걷는 사람 인	40	34	夂	20	뒤쳐 올 치
15	11	入	8	들 입	41	35	夊	21	천천히 걸을 쇠
16	12	八	8	여덟 팔	42	36	夕	21	저녁 석
17	13	冂	9	멀 경/빌(빈) 경	43	37	大	22	큰 대/사람 대
18	14	冖	9	덮을 멱 덮어 가릴 멱	44	38	女	22	계집 녀(여) 여자 녀(여)
19	15	冫	10	얼음 빙	45	39	子	23	아들 자
20	16	几	10	안석 궤/책상 궤	46	40	宀	23	집 면/움집 면
21	17	凵	11	입 벌릴 감	47	41	寸	24	마디 촌/치 촌 규칙 촌/손 촌
22	18-1	刀	11	칼 도	48	42	小	24	작을 소
23	18-2	刂	12	칼 도	49	43-1	尢	25	절름발이 왕
24	19	力	12	힘 력	50	43-2	允	25	절름발이 왕
25	20	勹	13	에워쌀 포 감싸 안을 포	51	43-3	尣	26	절름발이 왕
26	21	匕	13	비수 비 구부릴 비	52	43-4	兀	26	①절름발이 왕 ②우뚝할 올

카드순서	부수자순서	제3획 부수자	쪽수(page)	뜻과 음	카드순서	부수자순서	제4획 부수자	쪽수(page)	뜻과 음
53	44	尸	27	주검 시	83	66-1	攴	42	칠/두두릴 복
54	45-1	屮	27	왼손 좌	84	66-2	攵	42	칠/두두릴 복
55	45-2	屮	28	싹날 철	85	67	文	43	글월 문
56	46	山	28	뫼 산/산 산	86	68	斗	43	말(곡식의 양을 재는 단위) 두
57	47-1	巛	29	내(시냇물) 천	87	69	斤	44	도끼/무게 근
58	47-2	川	29	내(시냇물) 천	88	70	方	44	모/방위 방
59	48	工	30	장인 공/만들 공	89	71-1	无	45	없을 무
60	49	己	30	몸 기 여섯째천간 기	90	71-2	旡	45	목멜 기
61	50	巾	31	수건/헝겊 건	91	72	日	46	날/해/하루 일
62	51	干	31	방패 간	92	73	曰	46	가로되 왈 말하기를 왈
63	52	幺	32	작을/어릴 요	93	74	月	47	달 월
64	53	广	32	집 엄	94	75	木	47	나무 목
65	54	廴	33	길게 걸을 인	95	76	欠	48	하품 흠
66	55	廾	33	받쳐 들 공	96	77	止	48	그칠/막을 지
67	56	弋	34	주살/푯말 익	97	78-1	歹	49	뼈앙상할 알
68	57	弓	34	활 궁	98	78-2	歺	49	뼈앙상할 알
69	58-1	彐	35	돼지머리 계	99	79	殳	50	칠/몽둥이 수
70	58-2	彑	35	돼지머리 계	100	80	毋	50	말(~하자말라) 무
71	58-3	彐	36	돼지머리 계	101	81	比	51	견줄 비
72	58-4	彐	36	손 우/오른손 우 ※'彐'와 비슷하여 '彐'에 분류해 놓음.	102	82	毛	51	터럭 모 풀(=풀싹) 모
73	59	彡	37	터럭/무늬 삼	103	83	氏	52	씨족/뿌리/성씨 씨
74	60	彳	37	왼발자축거릴 척	104	84	气	52	(구름)기운 기
		제4획 부수자			105	85-1	水	53	물 수
75	61-1	心	38	마음 심	106	85-2	氵	53	물 수
76	61-2	忄	38	마음 심	107	85-3	氺	54	물 수
77	61-3	㣺 小	39	마음 심	108	86-1	火	54	불 화
78	62	戈	39	창/무기 과	109	86-2	灬	55	불 화
79	63	戶	40	외짝문/집 호	110	87-1	爪	55	손톱/발톱 조
80	64-1	手	40	손 수	111	87-2	爫	56	손톱/발톱 조
81	64-2	扌	41	손 수	112	88	父	56	아비/아버지 부
82	65	支	41	지탱할 지	113	89	爻	57	사귈/본받을 효

카드순서	부수자순서	제4획 부수자	쪽수(page)	뜻과 음	카드순서	부수자순서	제5획 부수자	쪽수(page)	뜻과 음
114	90	爿	57	나뭇조각 장	144		穴	72	구멍/움집 혈
115	91	片	58	나뭇조각 편	145		立	73	설/세울 립
116	92	牙	58	어금니 아			제6획 부수자		
117	93-1	牛	59	소 우	146		竹	73	대(대나무) 죽
118	93-2	牜	59	소 우	147		竹	74	대(대나무) 죽
119	94-1	犬	60	개/큰 개 견	148		米	74	쌀 미
120	94-2	犭	60	개/큰 개 견	149		糸	75	실(가는 실) 사
		제5획 부수자			150		糹	75	실(가는 실) 사
121	95	玄	61	그윽히 멀 현 검을 현	151		缶	76	장군/질그릇 부
122	96	玉	61	구슬 옥 '王'→임금 왕	152		网	76	그물 망
123	97	瓜	62	오이 과	153		罒	77	그물 망
124	98	瓦	62	기와/질그릇 와	154		罓	77	그물 망
125	99	甘	63	달 감	155		罒	78	그물 망
126	100	生	63	낳을/날/살 생	156		羊	78	양/염소 양
127	101	用	64	쓸 용	157		羊	79	양/염소 양
128	102	田	64	밭 전	158		羽	79	깃/날개 우
129	103-1	疋	65	①발 소 ②짝 필	159		老	80	늙을 로(노)
130	103-2	正	65	발 소	160		耂	80	늙을 로
131	104	疒	66	병들 녁	161		而	81	말이을/어조사 이
132	105	癶	66	걸을 발	162		耒	81	따비/쟁기 뢰
133	106	白	67	흰/알릴 백	163		耳	82	귀 이
134	107	皮	67	가죽/껍질 피	164		聿	82	붓/마침내 율
135	108	皿	68	그릇 명	165		肉	83	고기 육
136	109	目	68	눈 목	166		月(=肉)	83	고기 육
137	110	矛	69	창/세모진 창 모	167		臣	84	신하 신
138	111	矢	69	화살 시	168		匚	84	넓을 이 (부수자는 아님)
139	112	石	70	돌 석	169		自	85	스스로/코 자
140	113-1	示	70	보일/제사 시	170		至	85	이를/~까지 지
141	113-2	礻	71	보일/제사 시	171		臼	86	절구/확 구
142	114	禸	71	짐승발자국 유	172		臼	86	깍지 낄/움킬 국
143	115	禾	72	벼 화	173		舌	87	혀 설

- 165 -

카드순서	부수자순서	제6획 부수자	쪽수(page)	뜻과 음	카드순서	부수자순서	제7획 부수자	쪽수page	뜻과 음
174	136	舛	87	어겨질 천	198	157-1	足	99	①발 족 ②지나치게공경할 주
175	137	舟	88	배 주	199	157-2	𧾷	100	발 족
176	138	艮	88	그칠/머무를 간 어긋날 간	200	158	身	100	몸 신
177	139	色	89	빛/낯빛/기색 색	201	159	車	101	①수레 거 ②수레 차
178	140-1	艸	89	풀 초	202	160	辛	101	매울 신 여덟째천간 신
179	140-2	艹	90	풀 초	203	161	辰	102	①별/떨칠 신 ②다섯째지지 진
180	140-3	艹	90	풀 초	204	162-1	辵	102	쉬엄쉬엄 갈 착 뛸/거닐 착
181	141	虍	91	호랑이무늬 호 (호랑이가죽무늬)	205	162-2	辶	103	쉬엄쉬엄 갈 착 뛸/거닐 착
182	142	虫	91	①벌레/살무사 훼 ②벌레 충(蟲) →'蟲'의 약자	206	163-1	邑(⻏)	103	①고을 읍 ②아첨할 압
183	143	血	92	피 혈	207	163-2	⻏(=邑)	104	고을 읍
184	144	行	92	다닐/가게 행	208	164	酉	104	술단지/닭 유 열째지지 유
185	145-1	衣	93	옷 의	209	165	采	105	나눌/분별할 변
186	145-2	衤	93	옷 의	210	166	里	105	마을 리
187	146	襾	94	덮을 아			제8획 부수자		
		제7획 부수자			211	167	金	106	①쇠/돈/금 금 ②성(姓)씨 김
188	147	見	94	①볼 견 ②나타날/보일 현	212	168	長	106	긴(길다)/어른 장
189	148	角	95	뿔 각	213	169	門	107	문 문
190	149	言	95	말씀 언	214	170-1	阜(⻖)	107	언덕 부
191	150	谷	96	골(골짜기) 곡 계곡 곡	215	170-2	⻖(=阜)	108	언덕/둔덕 부
192	151	豆	96	콩/옛 그릇 두 제기(제사그릇) 두	216	171	隶	108	미칠/잡을 이
193	152	豕	97	돼지/돝 시	217	172	隹	109	새(꽁지짧은 새) 추
194	153	豸	97	해태/맹수 치	218	173	雨	109	비/비내릴 우
195	154	貝	98	조개/자개 패 재물/돈 패	219	174	靑	110	푸를/젊을 청
196	155	赤	98	붉을 적	220	175	非	110	아닐/어긋날 비
197	156	走	99	달아날 주			제9획 부수자		

카드순서	부수자순서	제9획 부수자	쪽수 page	뜻과 음	카드순서	부수자순서	제12획 부수자	쪽수 (page)	뜻과 음
221	176	面	111	낯/얼굴 면			제12획 부수자		
222	177	革	111	①가죽 혁 ②고칠/개혁할 혁	247	201	黃	124	누를/누른빛 황
223	178	韋	112	(다룬)가죽 위	248	202	黍	124	기장 서
224	179	韭	112	부추 구	249	203	黑	125	검을 흑
225	180	音	113	소리 음	250	204	黹	125	바느질 치
226	181	頁	113	①머리 혈 ②책 면/쪽 엽			제13획 부수자		
227	182	風	114	바람 풍	251	205	黽	126	①맹꽁이 맹 ②땅이름 면 ③힘쓸 민
228	183	飛	114	날(날아갈) 비	252	206	鼎	126	솥 정
229	184-1	食	115	밥/먹을 식	253	207	鼓	127	북 고
230	184-2	食	115	밥/먹을 식	254	208	鼠	127	쥐 서
231	185	首	116	머리/우두머리 수			제14획 부수자		
232	186	香	116	향기 향	255	209	鼻	128	코/비롯할 비
		제10획 부수자			256	210	齊	128	가지런할 제 다스릴 제
233	187	馬	117	말 마			제15획 부수자		
234	188	骨	117	뼈 골	257	211	齒	129	이/나이 치
235	189	高	118	높을 고			제16획 부수자		
236	190	髟	118	머리털 날릴 표	258	212	龍	129	용 룡(용)
237	191	鬥	119	싸울/싸움 투	259	213	龜	130	①거북 귀 ②손 얼어터질 균 ③나라이름 구
238	192	鬯	119	활집/울창술 창			제17획 부수자		
239	193	鬲	120	①오지병 격 ②다리굽은 솥 력	260	214	龠	130	피리 약
240	194	鬼	120	귀신 귀	◆쪽수는 이화문화 출판사에서 발행된 본 필자의 저술 '한자공부책'의 쪽수 (page)를 표기한 것임.				
		제11획 부수자							
241	195	魚	121	물고기 어					
242	196	鳥	121	새(꽁지긴 새) 조					
243	197	鹵	122	소금 밭 로					
244	198	鹿	122	사슴 록					
245	199	麥	123	보리/메밀 맥					
246	200	麻	123	삼/대마초 마					

한자 교육 방법

◆부수한자 익힘을 통한 손쉽고 재미있는 한자공부 방법.
'이화출판사'에서 발행한 본 필자의 저서 [한자공부] 책에서~

(예) 冬 : 겨울 동.

冬 = [夂 뒤늦게 온다 치 + 冫 얼음 빙]

풀이→봄, 여름, 가을, 다음에 맨 늦게 오는 계절이 겨울이다. 뒤늦게 온다 치 + 얼음이 어는 계절이라는 뜻의 글자로 '冬'이 되니 '겨울 동'이라고 가르치고, 배우게 되면 "冬 : 겨울 동"글자를 쉽게 이해가 되고 빨리 터득하게 된다.

※이처럼, 夂뒤늦게 온다/뒤져올 치, 와 冫얼음 빙 부수 글자를 익히게 되면 한자의 뜻을 바로 알게 되고 또한 이해가 되니 빨리 외워지게 된다.

본 한자 공부 저서는 이와 같은 방법으로 과학적이고 체계적으로 공부할 수 있는 한자공부 책입니다.

부수한자가 모두 214가지 체계로 구성되어 그 가짓 수가 260여개 글자입니다.

이 부수자 한자 260여개 글자를 이해하고 외운다면 모든 한자가 한 눈에 익혀지므로 한자를 매우 쉽게 익히고 배우게 된다.

부수한자 일람표 저자 : 현암 김 일 회 제공

필·자·약·력

교육서예가 玄庵 金 日 會
(현)한일교육협의회 사무총장
(현)서울북부지방법원 민사조정위원
(현)서울북부지방검찰청 형사조정위원
(현)서울시 초 중등 서예교육연구회 고문
(현)서울중앙지방법원 서예동호회 서예지도강사

▶1944년 전북 고창 도산에서 출생. 본관:안동.
▶群山師範學校卒業(63. 2. 8)

【교육활동 - 교사】
▶63년 ~ 94년 서울숭인·안산·숭덕·신답·묵동·면목·신묵·휘경·중화초 교사
▶95년 ~ 99년 서울중곡·중목·묵동초등학교 교감
▶99년 ~ 07년 2월 서울온곡초등학교/누원초등학교/망우초등학교 교장 정년퇴임.

【각 종 수 상】
◉71년 ~ 현재 : 각종 서예대회에서 서예지도 교사상 14여회 수상
◉1971.10.23 서예실기대회특별지도상 한국교육서예가협회장
◉1972.05.31 지도교사상 동방연서회장
◉1972.10.24 서예실기대회특별지도상 한국교육서예가협회장
◉1973.10.24 서예실기대회특별지도상 서울교육대학교총장
◉1974.10.24 제4회초중고대학생서예실기대회지도상 서울교육대학교총장
◉1975.10.24 서예지도자상 수상 한국교육서예가협회장
◉1976.10.26 제1회음악미술실기대회(서예)지도교사상서울특별시동부교육청교육장
◉1976.12.02 제1회 음악미술실기대회(서예)지도교사상 서울특별시교육감
◉1976.12.30 모범교원표창 서울특별시교육감
◉1977.10.06 제2회음악미술실기대회(서예)지도교사상서울특별시동부교육청교육장
◉1977.12.03 제2회음악미술실기대회(서예)지도교사상 서울특별시교육감
◉1978.08.30 제3회음악미술실기대회(서예)지도교사상서울특별시동부교육청교육장
◉1978.11.09 제3회음악미술실기대회(서예)지도교사상 서울특별시교육감
◉1980.10.30 동부교육청미술대회(서예)지도교사상 서울특별시동부교육청교육장
◉1980.12.05 국민교육헌장유공표창 문교부장관
◉1980.12.09 서예지도교사상(전국규모서예실기대회) 서울특별시교육감
◉1981.03.09 대한민국사회교육문화상 국제문화협회장
◉1981.05.31 제15회 아시아국제예술제 서예부문최고상 통일부장관
◉1987.06.30 서울특별시장표창(모범시민상)제5308호 서울특별시장

◉1989.09.20 서울과학전람회(특상) 서울특별시교육청교육감
◉1990.09.15 서울현장교육연구대회 생활지도분과(1등급) 서울시교원단체연합회장
◉1991.09.26 서울교육자료전국어분과특상(1등급) 서울특별시교육청교육감
◉1992.10.08 서울교육자료전특수분야특상(1등급) 서울특별시교육청교육감
◉1992.11.21 전국교육자료전 특수유아분야(3등급) 한국교총회장
◉1993.10.07 서울교육자료전국어교육특상(1등급) 서울특별시교육청교육감
▶94.5.15 제13회 스승의 날 - KBS TV뉴스 모범교사(서울특별시 교육청 추천)방영
◉1994.09.30 서울교육자료전과학교육장려상(3등급) 서울특별시교육청교육감
◉1995.05.12 표창장(교육특별공로상)제001호 서울특별시교원단체연합회장
◉1995.05.12 표창장(교육공로표창)제337호 서울특별시교육청교육감
◉97.5.12 특별교육공로 표창 - 한국교원단체 총 연합회장상
◉1996.05.10 연공상제96-44호 서울특별시교원단체연합회장
◉1997.05.15표창장(특별공로상)제75219호한국교원단체총연합회장(청와대초청대통령만찬)
◉2000.05.15 표창장(연공상)제87549호 한국교원단체총연합회장
◉2000.05.15 표창장(교육부장관)제7274호 교육부장관
◉2000.12.28 2000학년도학교경영우수교표창(온곡초)서울특별시교육청교육감
◉2004.05.12 한국일보제정 제23회한국교육자대상. : 스승의상 한국일보사장
◉2004.12.22 2004학년도학교경영우수교표창(누원초) : 서울특별시교육청교육감
◉2004.12.23 2004학년도특별활동운영우수교표창(누원초) :서울시교육청교육감
◉2007.02.28 한국교총 큰 스승상 - 한국교원단체연합회 서울시 연합회장
◉2007.02.28 근정훈장 황조근정(2등)훈장 대한민국 - 대통령
◉2013.03.25 감사장(민사조정위원 우수활동)수상 : 서울북부지방법원장
◉2013.12.10 감사장(조정을 통한 분쟁해결 조정위원 우수활동)수상 : 대법원행정처장 대법관

【집필 및 저서】
▶서울 초중고교사 서예교육 교재 (한글 및 한문서예) 발간
▶소년한국일보 하루 한자씩 한자쓰기 지도 집필위원 역임(90년 ~ 91년)
▶중등서예교과서 집필위원 역임
▶月刊書藝 기획연재 집필(89.3 ~ 90.7)
▶서울 초·중·고 교사 서예교육 직무연수 강사 및 한글/한문서예 각 과정 서체별 교재 집필
▶초등학교 한자공부 쓰기 지도자료 편저(93.5월) < 2학년~6학년 교재 집필>
▶놀이로 배우는 한자공부 [김일회 편저] 책 출판 2005. 3. 1.- 예원당 발행
▶한자행서 '왕희지의 집자성교서' 체를 통한 "1.기초수련편" 과 "2.연구편"을 집필
▶부수한자 익힘을 통한 '한자공부' 책 발간. 2016. 06. 01. 초판 이화문화출판사
▶부수한자 익힘을 통한 '한자공부' 책 재판. 2017. 05. 01. 증보 이화문화출판사
▶부수한자 익힘을 통한 '한자공부' 책 3판. 2022. 05. 01. 제3판 이화문화출판사
▶한자 자원 해석을 통한 '천자문학습서' 초판발간. 2022 05. 01 이화문화출판사

【외국시찰】
◉2001.11.27-2001.12.09 미국LA,San Francisco교육시찰 초등교장 국외테마연수
◉2004.01.27-2004.01.30 일본후쿠오카 스카웃 훈련(스카웃 단원 인솔) 연수
◉2005.12.13-2005.12.17 중국남경시와 서울동부교육청과 자매결연한 중국남경시
　　　　　　　　　　　　남호 제3소학교 방문교류 교육계 시찰
◉2006.01.21-2006.01.25 중화민국(대만)·대북시 스카우트협회 친선교류

【출강-강사】
▶순천향 병원 서예부(간호사, 의사, 원무과 직원) 지도강사 역임
▶서울시 강남교육청 및 중부교육청 관내 교직원서예교실 지도강사 역임
▶한국일보사 한묵회(韓墨會) 기자님들 서예동호회 - 지도강사 역임
▶보훈협회 주관 미술과 서울교사 직무연수(60시간) 미술과 서예지도 강사 역임
▶대전광역시 교원연수원 주관 교사 직무연수(60시간) 미술과 서예지도 강사 역임
▶각 학교 어머니 서예교실 지도강사 30여 년간
▶초·중·고·대 각 학교 교사를 위한 서예 연수회 지도강사 30여 년간
▶2010.06.01~2010.11.31-서울중랑구청 정보도서관 문화센타 생활한자교실 강사
▶2012.03.02~2014.02.28-서울신양초등학교 평생교육 학부모 서예교실 지도강사.
▶2012.11.01~2017.02.28-서울문창초등학교 평생교육 학부모 서예교실 지도강사.
▶2013.11.01~2014.02.28-서울북부지방법원 생활한자 및 한글서예실기 지도강사.
▶2014.03.01~2017.02.28-서울영본초등학교 학부모/아동 평생교육 서예 및 한자 지도.
▶2015.02.27~서울중랑구신내복지관 - 관내 유치원 한자지도 강사들을 위한
　　　　　　　　한자교육 지도방법에 대한 연수회(16시~18시:2시간) 지도강사.
▶2017.03. 02~2023. 11월-서울휘봉초등학교 평생교육 학부모서예교실 지도강사.
▶서울중앙지방법원 서예동호회 서예지도강사 - 2025.5.20 ~ 현재

【각종 논문】
- 韓·中 國際書法敎育硏討會 論文發表(88.8.22) : 프레스센터 20층 국제회의실
- '現 學校書藝敎育에 關한 考察'이란 論文發表(90.9.1) : 세종문화회관 소강당
- '書藝學習을 통한 情緖敎育'에 관한 論文發表(91.2) : 동부교육청
- '초등학생 입문기의 漢字指導'에 관한 論文發表(91.5 - 6) : 동아출판사
- '書藝鑑賞指導'에 관한 論文發表(91.6 : 초등미술)
- '올바른 書藝指導'에 관한 論文發表(92.8 - 10) : 동아출판사
- '이제는 漢字敎育을 뒤로 미룰 수 없다'에 관한 論文發表(04.1) : 서예 교육지 6호
- 갑골문의 발견-[어느 민족에 의해 한자(漢字)가 만들어 졌나?]
　　　→ 2017년 7월호 "월간서예"지(誌)에 발표
- 이제는 주저하지 말고 하루빨리 초등교육에서부터 의무교육 과정으로 한자교육을
　실시하여야 한다. → 2021년 12월호 "한글+漢字문화" 월간지(誌)에 발표

- 初·中·高等 學校 漢字敎育의 義務 必須化를 더 以上 미룰 수 없다.
  → 2022년도 1월호 "월간서예"지(誌)에 발표

【사회 활동 - 봉사】
▶학생의 날 기념 학생휘호대회 운영위원장 및 심사위원장(89년 ~ 현재)
▶서울시 교원단체연합회 서예교육연구회 회장 역임
▶서울특별시교육청 초·중등서예교육연구회 회장 역임 및 現 고문
▶묵지회(墨池會)회장 겸 지도위원(現)
▶남강묵지회(南江墨池會) 회장(現)
▶2006.08.17~2007.03.31-한중문자교류협회 이사
▶2007.04.01~2008.02.28-한중문자교육협회 회장 겸 이사대우
◉국민교육헌장전문 궁체 휘호(전지2장크기)-78년도 서울시 교육청 강당에 게시
◉남산도서관 현관 - 도서관헌장 궁체로 휘호 작품(전지2장+1/2크기)게시(72년도)
◉사직동종로어린이도서관 정원-'서울어린이다짐'비 판본고체로 휘호(96년:한국일보주관건립)
◉각급학교 교문 명패 및 교훈을 돌에 새겨 건립한 일-서울중목초 외 다수 학교에 건립.
◉2014북부법원 법문화축제(2014.10.23)가훈쓰기행사에 '가훈 써주는 일' 봉사활동.

＊태권도 공인 4단 및 공인 사범 - 국기원.
＊바둑 아마 6단 - 한국 기원.

 교육서예가 玄 庵 金 日 會 (前學校長)

(제23기 한국교육자대상 스승의 상 수상자)

> 저자와의
> 협의하에
> 인지생략

낱글자로 된 특별한 318개
별(別) 한자(漢字)

2025年 11月 10日 초판 발행

편 저 김 일 회

발행처 ㈜이화문화출판사

발행인 이 홍 연 · 이 선 화
등록번호 제300-2001-230
주소 서울시 종로구 인사동길 12, 310호(대일빌딩)
전화 02-732-7091~3 (도서 주문처)
　　　02-738-9880 (본사)
FAX 02-725-5153
홈페이지 www.makebook.net

값 20,000원

※ 잘못 만들어진 책은 바꾸어 드립니다.
※ 본 책의 내용을 무단으로 복사 또는 복제할 경우, 저작권법의 제재를 받습니다.